U0710283

鲁迅与北京风土

图文精选本

中华书局

图书在版编目(CIP)数据

鲁迅与北京风土:图文精选本/邓云乡著. —北京:中华书局，
2024.8. —(邓云乡集). —ISBN 978-7-101-16736-8

Ⅰ.K825.6

中国国家版本馆 CIP 数据核字第 2024ZJ2764 号

书　　名	鲁迅与北京风土(图文精选本)	
著　　者	邓云乡	
丛 书 名	邓云乡集	
策划统筹	贾雪飞	
责任编辑	詹庆莲	
装帧设计	刘　丽	
责任印制	管　斌	
出版发行	中华书局	
	(北京市丰台区太平桥西里 38 号　100073)	
	http://www.zhbc.com.cn	
	E-mail:zhbc@zhbc.com.cn	
印　　刷	北京中科印刷有限公司	
版　　次	2024 年 8 月第 1 版	
	2024 年 8 月第 1 次印刷	
规　　格	开本/787×1092 毫米　1/32	
	印张 10¼　插页 7　字数 140 千字	
印　　数	1-5000 册	
国际书号	ISBN 978-7-101-16736-8	
定　　价	69.00 元	

出版说明

邓云乡（1924.8.28—1999.2.9），当代著名作家、民俗学家、红学家。1936年初随父母迁居北京，1947年毕业于北京大学中文系，1956年因工作调动定居上海。

邓先生出身于书香世家，少年迁居北京后，于长辈亲族处耳濡目染，且游走于俞平伯、谢国桢、顾廷龙、谭其骧等前辈学者间，对旧京遗事、燕京风物、北平民俗等熟谙于胸，在著作中娓娓道来却让人耳目一新，被谭其骧先生称为"不可多得的乡土民俗读物"，是呈现书香文脉、补益时代人文的优秀文化读本。同时，邓云乡先生长期从事《红楼梦》研究，以着重生活风物、服饰饮食等考证著称，更因《红楼风俗谭》一书成为87版电视剧《红楼梦》唯一的民俗指导。

邓先生学养深厚，笔耕不辍，著作等身。2015年中华书局出版的《邓云乡集》17种，囊括了他绝大部分著述，出版以来广受好评。今在其百年诞辰之际，推出图文精选本，择其代表著作中迄今仍引领阅读风尚者，每册约取六至八万文字，配以相关必要图片，以便读者借助文史大家的提点，便捷地领略中华民族博大精深的文化魅力。

中华书局2015版《鲁迅与北京风土》有5个专题共计57篇文章，今选"厂肆志略""酒肆谭乘""名胜散记"三部分内容，以见其书大旨。若读者希望完整了解《鲁迅与北京风土》一书，请阅读邓云乡先生原作。

中华书局上海聚珍编辑部

2024年7月

目　　录

厂肆志略

酒肆谭乘

名胜散记

厂肆志略

从《北平笺谱》说起

厂肆更谁来访笺，

版杨名字迅翁传。

海王村畔秋阳淡，

风景依稀似昔年。

这是我前两年回北京经过琉璃厂时偶然写下的一首绝句，是怀念鲁迅先生在琉璃厂访求笺纸和郑西谛先生编印《北平笺谱》的事。"版杨"是"板儿杨"，板儿杨和张老西是两位刻制水印笺纸木版的高手艺人，因编印《北平笺谱》而将姓字流传下来，成为艺林佳话。

鲁迅先生一九三三年十一月十一日给西谛先生的信中有一段写道：

　　板儿杨，张老西之名，似可记入《访笺杂记》内，借此已可知张□为山西人。大约刻工是不专属于某一纸店的，正如来札所测，不过即使专属，中国也竟可糊涂到不知其真姓名（况且还有绰号）。

　　在这段话中，鲁迅先生是很有感慨的，觉得这样的高手工艺家，竟至连名字也不为人所知，仅以绰号著称。其实这种情况，也有其另外一方面的原因，就是因技艺而出名，如过去北京"样子雷""快手刘"等等，也就是因为他们画房样子、变戏法等高超技艺，得到了以上的绰号，真名反为所掩。就以琉璃厂而论，当时也还有"古钱刘""宋版刘"等人物。"板儿杨"所以出名，也是这种情况。至于张老西，那是因为张是山西人。过去北京称呼山西人，习惯叫"老西儿"，其中有玩笑的成分，也有亲热的成分，如再亲热点叫声"西哥"。但一般称呼"张老西儿"，也没有什么，只是叫久了，真名也为这一"官称"所掩了。

鲁迅先生编制《北平笺谱》的缘起，是与先生很早就爱好绘画、版画，爱好收集画集、笺纸分不开的。古诗说"十样蛮笺出蜀州"[1]，但是先生没有到过四川成都一带，成都很出名的"诗婢家"的水印诗笺也未见先生提起过。当时上海、杭州、广州的笺纸，先生都收集过，认为都不及北京的好，所以只印了一部北京的。

先生自从一九二六年八月二十六日南下后，后来一共回过两次北京（当时叫北平），每次都到琉璃厂搜求了不少信笺。第一次回京，一九二九年五月二十三日记道[2]：

　　……从静文斋、宝晋斋、淳菁阁蒐罗信笺数十种，共泉七元。

1　此句似应为"十样蛮笺出益州"，语出宋人韩浦《寄弟》诗。——编者按

2　鲁迅先生日记纪年时，一九一九年之前，纪年用干支，纪月、日用阳历；一九二〇年开始，不再用干支纪年。文中后面所引日记原文，均准此，但在干支之后，加注公历年代，用（　）表示。

同月二十八日记道：

……往松古斋及清闷阁买信笺五种，共泉四元。

第二次回京，一九三二年十一月二十三日记道：

往留黎厂买信笺四合……

一九三三年二月五日给西谛先生的信道：

去年冬季回北平，在留黎厂得了一点笺纸，觉得画家与刻印之法，已比《文美斋笺谱》时代更佳，譬如陈师曾、齐白石所作诸笺，其刻印法已在日本木刻专家之上，但此事恐不久也将销沉了。[1]

---

1 关于刻工的情况，清末《爱国报》所编《燕市积弊》中有一段介绍道："刻字的手艺，本来甚苦，年岁或老或小的人，全都吃不成。每刻一板，分两道手，有'伐刀、挑刀'的分别。伐刀管刮板、上样、拉线等事，把字的正面伐好，交给挑刀去挑，挑刀把反面儿挑得，外带铲空（就是没字的空格）。乱先（指1900年八国联军侵华即庚子之乱前。——编者按）每百宋字，才挣五百当十钱，顶好的手艺，才能了零碎儿（如名戳、票板、花信笺之类），反正也挣不了多少钱。"

信中随后就说到"自备佳纸"印制笺谱的事，这便是印制《北平笺谱》的准备和缘起了。鲁迅先生对当时琉璃厂笺纸的评价是非常高的。后来在先生与西谛先生的努力下，《北平笺谱》便于一九三四年初出书了。

▶《北平笺谱》中的笺纸

第一次印了一百部，第二次又印了一百部。当时先生曾在给西谛先生的信中幽默地说道："至三十世纪，必与唐版媲美矣。"其实用不了那么久，到现在虽然只有四十多年，这笺谱便早已成为难得见到的文物了。而这十分珍贵的文物，便是搜求琉璃厂当时各家南纸店，如荣宝斋、清秘阁、淳菁阁、松古斋等水印木刻笺纸印制的，在文化艺术史上留下了珍贵的一页佳话，在文化艺术典籍中留下了多少部精美的珍品，时至今日，虽非唐人写经、宋元佳椠，总也可以和明版、康版媲美了。

▼ 书店内景
（约1939年）

　　短短的东西琉璃厂街，由厂东门到厂西门，也不过二里之遥，其间书铺、南纸店、古玩铺、碑帖铺、裱画铺、图章铺、墨盒铺栉比鳞次，在一二百年中，真不知留下了多少文人学士的足迹。虽说雪泥鸿爪，不计东西，但是有的人的足迹却深深印在文化艺术的史册上，千古不湮，这便如鲁迅先生和西谛先生奔走于琉璃厂，搜求笺纸，编印《北平笺谱》。如此不辞辛苦，热心文化，而这却是那些"前不见古人，后不见来者"之流所想不到也不能理解的，而这样的人却是直到现在也还不少。所以谈谈鲁迅先生与琉璃厂，谈谈那个时候琉璃厂的一鳞半爪，我想也不是没有意义的吧。

琉璃厂气氛

　　乾隆时益都李南涧（文藻）《琉璃厂书肆记》中写道:"……无甚应酬，又性不喜观剧，茶园酒馆，足迹未尝至。惟日借书钞之，暇则步入琉璃厂观书。虽所买不多，而书肆之不到者寡矣。"鲁迅先生一生不喜欢看京戏，那时应酬也不多，平日公余除抄书之外，一遇暇日便到琉璃厂游览，很像李南涧所说的那种情况。

　　琉璃厂后来习惯说在和平门外，这样说是不确切的。因为和平门是一九二四年左右才开的，南北新华街也是同时才展宽的。在鲁迅先生去琉璃厂买书、访帖的大部分时间里，由城里去琉璃厂，还是不出宣武门，就得出前门，中间全有城墙挡着，是过不去的。

鲁迅先生在一九一九年之前，住在菜市口南半截胡同山会邑馆，在宣武门里教育部上班，不论星期天或平日，去琉璃厂都是很方便的。走大路从菜市口经骡马市到虎坊桥，从梁家园斜穿过去，顺新华街往北不远就到厂桥，就是东西琉璃厂的中心了。如果走小路，从菜市口东边一点，进铁门穿小胡同到南柳巷，那就更没有多少路，便到了琉璃厂厂西门了。

琉璃厂以厂甸海王村公园为中心，往东是东琉璃厂，接一尺大街、杨梅竹斜街；往西是西琉璃厂，接南北柳巷。过去东西两头都有铁门，俗名厂东门、厂西门。整条琉璃厂街上，由鲁迅先生时期，一直到后来，除去西琉璃厂路南商务印书馆一所三层的西式楼房而外，其他都是中式的铺面房，而且大多都是平房，间或有所两层的楼房，那也有如凤毛麟角了。不过这些铺房都很精致，一般都是水磨砖的砖木建筑，门面油漆得很整齐。开间大多都是二间、三间，五间的便是大店了。只有昔时宝名斋书铺是最突出的，九开间门面，当时人称："琉璃厂一条龙，九间门面是'宝名'。"不过在鲁迅先生时期，宝名斋书铺早已关张，其他那些店铺，门面虽然不大，但后面进度一般都很深，而且都连着后面的院子，这样地方就很宽绰了。

琉璃厂各家店铺，大多都没有西式店铺的那种窗橱；也不像江南店铺的那种排门板，白天去掉门板，店面敞开，无门无窗。琉璃厂店铺的门面，都有门有窗，窗上装玻璃，有的还是老式窗，下面玻璃，上面糊纸。店门后来大多改为西式拉门，过去则都是对开木门，白天开门营业，门上挂帘子，冬天蓝布镶黑云头夹板棉门帘，夏天夹板大竹帘，从街上走过，透过擦得十分明亮的玻璃窗，可以看到店内的一些风光：古玩铺的红木多宝槅上的花瓶、鼎彝；书铺书架上一叠叠的蓝布套夹着白色签条的古书；书画铺挂的各种字画、立轴、对联；墨盒铺架上的亮晶晶的各式各样的墨盒子、镇纸、笔架……店名一般都是黑地金字的匾额，几开间门面的大店，在店名大匾的两旁，还对称地挂上两块小匾，如"藏珍""蕴玉"之类。柱子上都有红地黑字或黑地金字油漆得亮晶晶的抱柱对联。牌匾、对联都是当时名家书写的，翁同龢、朱益藩、宝熙、陆润庠等，应有尽有。这些对联都是嵌字格的，这里抄几副在下面，作为当日琉璃厂的一点资料吧。

宝气腾辉瞻典籍；

林花启秀灿文章。

宝林堂书铺

崇山峻岭琅嬛地；

文薮书田翰墨林。

崇文堂书铺

宝鼎芝房，嘉祥备至；

文场笔阵，典籍纷披。

宝文堂书画铺

万象峥嵘新眼界；

元龙品概古胸襟。

万元眼镜铺

这些对联，切铺名，切店铺内容，对仗一般都很工稳自然。尤其万元眼镜铺一副，用陈登的典故用得很好，很有点气概。

琉璃厂东西街，不管从东从西，慢慢走来，总是笼罩在一种文化、艺术的气氛中，这种气氛是琉璃厂所特有的，是从清代乾隆、嘉庆以后，逐渐形成的。一直绵延到后来，其间将近二百年之久，可以说是源远流长了。

鲁迅先生一九一二年五月五日到京，十二日就到琉璃厂游览，日记上记道：

> 星期休息。……下午与季茀、诗荃、协和至琉璃厂，历观古书肆，购傅氏《纂〔籑〕喜庐丛书》一部七本，五元八角。

其后，二十五日又去，二十六日、三十日又去。初到北京，风尘仆仆，除工作之外，朋友往来也很忙，却在不到一月之间，便去了四次琉璃厂，可见厂肆与先生的关系，也可以说是与当时所有学人的关系是多么地重要了。自此以后，十五年中，浏览古书，访求碑帖，收集信笺，时时徜徉于海王村畔、厂肆街前，那去的次数就更多。

先生于一九三二年十一月最后一次回北京，在京住了十六天，又去了三次琉璃厂，二十七日记道：

> 午后往师范大学讲演。往信远斋[1]买蜜饯五种，共泉十一元五角。

先生这次往师大讲演，后来到信远斋买蜜饯及回家，是当时师大同学叫营业汽车接送的，这便是鲁迅先生最后一次去琉璃厂。在东琉璃厂进口不远路南，那小小的两间门面的信远斋，嵌着玻璃的绿油漆

1　信远斋是以卖酸梅汤出名的。近人徐凌霄《旧都百话》中道："暑天之冰，以冰梅汤为最流行，大街小巷，干鲜果铺的门口，都可以看见'冰镇梅汤'四字布檐横额，有的黄地黑字，甚为工致，迎风招展，好似酒家的帘子一样，使过往的热人，望梅止渴，富于吸引力。昔年京朝大老，贵客雅流，有闲工夫，常常要到琉璃厂，逛逛书铺，品品古董，考考版本，消磨长昼，天热口干，辄以信远斋梅汤，为解渴之需。"

的老式窗棂，红油漆的小拉门，前檐悬着一块黑漆金字匾额，写的是馆阁体的"信远斋"三个字。在初冬下午的阳光斜照中，鲁迅先生提着几包桃脯、杏脯之类的蜜饯，在店主萧掌柜拉门送客"您慢点儿走……回见……"声中

▶《北平笺谱》中的笺纸

走出来，坐上车，回到城里西四宫门口家中。这普普通通的一点情景，谁能想到这就是鲁迅先生最后一次告别自己多年来不知徜徉过多少趟的琉璃厂呢？真是"逝者如斯夫"，此情此景，应该早已和琉璃厂的气氛融合在一起了吧。

书肆杂谈

　　鲁迅先生早期到琉璃厂去是买书，间或也买点古钱等小古董。从日记中看，在壬子（一九一二）、癸丑（一九一三）、甲寅（一九一四）几年中，先生经常来往的书铺是神州国光社、直隶书局、文明书局、宏道堂、本立堂、有正书局、宝华堂等家，后来才到富晋书庄去。那时富晋书庄还在杨梅竹斜街青云阁内，等到迁至琉璃厂宏道堂旧址营业时，那已是一九三五年间的事，这在鲁迅先生离京之后了。先生早期买的书籍，最多是画册、丛书一类的书，如有正书局的《中国名画》，神州国光社的《金冬心花果册》《神州大观》，《功顺堂丛书》《湖海楼丛书》等。当然这些都只是举个例子，先生每年买的书都很多，在一篇小文内书名是无法广为介绍的。

这些书铺中，有古书铺，有新书铺，如神州国光社、有正书局、文明书局等，便是当时以卖新印珂罗版碑帖、画册出名的店家；宏道堂、本立堂、宝华堂则都是古书铺；直隶书局则是新书、旧书都卖的铺子，曾经影印过清代卢文弨的《抱经堂丛书》，近代人宋星五、周蔼如辑的《文渊楼丛书》。

琉璃厂的书铺，自从清代乾嘉以来，绵绵二百载，其间兴衰代谢，不知变换了几百家。乾隆时益都李文藻《琉璃厂书肆记》、清末江阴缪荃孙《琉璃厂书肆后记》、近人通学斋书铺主人孙殿起《琉璃厂书肆三记》都作了详细的介绍，是考证琉璃厂书铺掌故的名著。尤其是孙著《琉璃厂书肆三记》，时代晚近，更为详赅。鲁迅先生往来琉璃厂买书的一些书铺，在孙著《三记》中基本上都是著录了的。

琉璃厂过去书铺，以路南的为多，又以东琉璃厂为多。由厂东门过来，远及火神庙、海王村公园、小沙土园胡同中，每两三家门面，便有一两家书铺，家家都是牙签插架，满目琳琅。一些书铺，外面看看，只有一两间、两三间阔，而内中进度却很深，有的是前后连接，即俗名"勾连搭"的鸳鸯房，看似三间，实际是六间，这样店内就很宽大了。铺中四周都是书架，有的前后房隔开的隔断也是书架，上面堆满了各种线装书，书套一头都夹有一张白纸，写明书名、作者、时代、版式。客人来了，可以挨架参观，随意取阅。如果是老主顾，更会让在柜房先休息，小伙计敬茶敬烟，略事寒暄，然后才谈生意。谈谈最近买到些什么，问问店里最近收到些什么，拿过来看看。好的东西，大家鉴赏一番，买也可以，不买也可以。如果有意要，然后可以谈谈价钱，形成一种朋友式的营业关系。这种营业方式，其源流应该说是很早了吧。乾隆时朝鲜人柳得恭在他所著《燕台再游录》中有几句写琉璃厂书铺道：

……聚瀛堂特潇洒，书籍又富；广庭起簟棚，随景开阔，置椅三四张，床桌笔砚，楚楚略备，月季花数盆烂开；初夏天气甚热，余日雇车至聚瀛堂散闷，卸笠据椅而坐，随意抽书看之，甚乐也。时或往五柳居，与陶生话：系大比之年，各省举人云集都门，多游厂中，与之言，往往有投合者。或群辈沓至，问答姓名乡县，扰扰而散。……

这该是多么潇洒的书铺呢？这种风气一直流传到后来，常去书铺，坐坐也好，谈谈也好，在答问之中，都有不少学问。如果顾客是位专家，铺主也就在买卖之中，顺便讨教，增长知识。如果买的人学识较差，店主也会娓娓不倦地向你介绍。这一方面固然为了做生意，另一方面也使你增长不少知识。经常浏览琉璃厂书铺，那便版本、目录、校勘之学，与日俱增了。

在琉璃厂书铺中，各个时期都有不少版本、目录专门家。晚近如正文斋主人谭笃生、会文斋主人何厚甫、文德堂主人韩逢源（绰号"韩大头"）、通学斋主人孙殿起、文禄堂主人王揖青，个人营业的宝坻县人刘宇清（绰号"宋版刘"）、衡水县人萧金铭等人，都是比较著名的。其中尤以孙、王二人更为突出。伦哲如先生《辛亥以来藏书纪事诗》所谓"后来屈指胜蓝者，孙耀卿同王晋卿"，便是指此。并自注云："故都书肆虽多，识版本者无几人，非博览强记，未足语此。余所识通学斋孙耀卿、文禄堂王晋卿二人，庶几近之。孙著有《贩书偶记》《丛书目录拾遗》，王著有《古本过目记》，皆俱通人之识，又非谭笃生、何厚甫辈所能及矣。"孙氏除上列二书外，还有《清代禁毁书目（补遗)》《清代禁书知见录》《琉璃厂小志》等著作。当然以上这些人都是琉璃厂的专门家，除此而外，那些一般的书店伙友，也要有一定的专业知识和专门技艺，才能胜任工作。

所说知识，就是熟悉各种书目，首先是四库的书目，其次还有南北各私家的书目，古代的、当代的，什么毛晋汲古阁、聊城海源阁、宁波天一阁等等。熟悉各种版本，什么宋版、元版，建刻、蜀刻，白口、黑口，家刻、坊刻等。要能做到像缪荃孙说的"宋椠元椠，见而即识；蜀版闽版，到眼不欺"，那就近于技矣。

所说技艺，就是整理古书，重新装订，重新换护页、书衣，配制书套，仿制抄本，仿制缺页，这中间工夫各有高低。一部破烂霉蛀的宋版书，到了高明师傅手里，重新拆开，轻轻地一张张地摊平，去掉霉迹，托上衬纸，补好蛀处，再一张张折拢，理齐，先用纸捻订好，压平，再配上旧纸护页，配上栗壳色或瓷青色旧纸的书衣，用珠子线（即粗丝线）订好，贴上旧纸题签，配上蓝布、牙签书套。就是用这样水磨的细工夫，一部破烂的旧籍便成为面目一新的善本了。高明师傅做起这些工作来，真有得心应手、起死回生之妙。晚近装裱师傅王仲华，技艺就非常高明，曾为傅增湘重装北宋本《乐府诗集》，傅在跋语中称他为"缀补旧籍，号为精良"，又说"修订讫事，精整明湛，焕然改观"。这像刻版工板儿杨、张老西一样，都是琉璃厂文化工艺中的高明之士。各书铺或藏书家都存有旧纸，平时把整理旧籍时多余的旧书衣、护页等替换积攒起来，以作修配宋版、元版等珍贵善本书之用。至于说重新装订一般的旧书，那就更不在话下了。

鲁迅先生也常常委托书店重新装订旧书，如癸丑（一九一三）年九月十四日记道：

上午本立堂书贾来持去破书九种，属其修治，豫付工价银二元。

十月五日记道：

往本立堂问所订书，大半成就。见《嵊县志》一部，附《剡录》，共十四册，以银二元买之，令换面叶重订。

十二月十九日记道：

下午留黎厂本立堂书估来取去旧书八部，令

其缮治也。

同月二十九日又记道：

晚留黎厂本立堂旧书店伙计持前所托装订旧书来，共一百本，付工资五元一角五分。惟《急就篇》装订未善，令持归重理之。

从先生的这几则日记中，可以看出当时琉璃厂书铺代客修缮装订旧书业务的一斑。

他们除代顾客修缮、装订而外，还接受顾客的委托，代为访求难得的书。如癸丑（一九一三年）九月二十三日记道：

下午往留黎厂搜《嵇中散集》不得，遂以托本立堂。

先生所校《嵇中散集》早已出版了，而起因却早在六十几年前，这也算是和琉璃厂本立堂书铺留下的一点墨缘吧。

琉璃厂在二百年间，不只是一个卖书、卖画、卖古董的文化商业区，也可以说像一所特殊的学校，其间不知培养、熏陶出多少文物、艺术方面的专门人才。他们都是师徒相承，一代一代地传下去。孙殿起氏所编《贩书传薪记》，对近代书业师承作了比较详尽的记载，是很可珍贵的资料。

琉璃厂各书铺，在同光以前，大都是江南人，以江西人为多。李文藻《琉璃厂书肆记》说："书肆中之晓事者，惟五柳之陶、文粹之谢及韦也。韦，湖州人，陶、谢皆苏州人，其余不著何许人者，皆江西金溪人也。"后来可能因太平天国的影响吧，南方人不来了，逐渐为河北省南宫、冀县、衡水一带的人所代替。说到他们的商业道德，虽然也有一些弄虚作假，如制造假宋版书、假抄本书，以残缺的书冒充完整的书出售等等情况，但大部分来说，对待客人还是较为诚恳、朴实的。这也是琉璃厂的一种好风气。鲁迅先生癸丑

（一九一三）年二月九日记道：

> 至宏道堂买得《湖海楼丛书》一部二十二册，
> 七元；《佩文斋书画谱》一部三十二册，二十元。
> 其主人程姓，年已五十余，自云索价高者，总因
> 欲多赢几文之故，亦诚言也。又云官局书颇备，
> 此事利薄，侪辈多不愿为，而我为之。

书要卖高价，自己说明是想多赢几文，这自是老
实的表现，所以得到先生的赞许。这比要了高价还说
是"赔钱出售，忍痛牺牲"的生意经要实在得多。按
孙殿起《琉璃厂书肆三记》和《贩书传薪记》所载，
这位诚实的掌柜是字叫信斋的程锁成，河北冀县人。

书价杂谈

　　鲁迅先生每年日记后面，都附有书账。从一九一二年至一九二六年，据书账所载，共用了三千六百七十余元。这还不包括一九二二年的，那年的日记遗失了。如取前后两年的平均数计算，还要加一百四十元上去，那就是三千八百元左右，这不能说是一个小数目了。但是在所买的书里面，还没有什么善本书，即宋、元、明版，以及各种少见的禁书和稀有的抄本在内。

　　先生在壬子（一九一二）年日记书账后有小记道：

　　　审自五月至年莫，凡八月间而购书百六十余元，

▶ 收买金石古玩

▶ 拓片师

▼ 刻石碑

▼ 裱画

然无善本。京师视古籍为骨董，唯大力者能致之耳。今人处世不必读书，而我辈复无购书之力，尚复月掷二十余金，收拾破书数册以自怡说，亦可笑叹人也。华国元年十二月三十一日灯下记之。

在这段后记里，既感北京当时书价之昂贵，又痛詈以书为古董者之流购书而不读书，感慨是很深的。这里面便联系到一个书价问题。鲁迅先生在京十五年内，所用之书款，除极少数属于从外地或国外函购，或回南时在上海、绍兴购买者外，绝大多数都是在琉璃厂购买的，可以说，这点钱绝大部分都花在琉璃厂了。所用款项，一部分是买书，一部分是买拓片。如广义地说，碑帖拓片也是典籍，所以两样先生都记在书账上。为此，琉璃厂书价的高低，与先生自是非常密切的了。

琉璃厂书价，在清代十九世纪中叶，还比较一般。这里先引一则李慈铭的日记作为具体说明。《越缦堂日记》咸丰庚申（一八六〇年）十二月十五日记道：

以钱二十五缗，买得临海洪筠轩先生（颐煊）《读书丛录》二十四卷，歙县金辅之先生（榜）《礼器》三卷，江都焦礼堂先生（循）《群经宫室图》二卷，高邮王文简公《经传释词》十卷，栖霞祁兰皋先生配王婉佺安人《列女传补注》八卷，《列仙传校正本》二卷及马令《南唐书》一部……

共书七种，五十卷。二十五缗制钱，折合后来铜元二千五百枚，合五六块银元。看来这些书一般都还是乾嘉刻本，其价钱较之后来，固然不能说是十分便宜，但也不能说是十分贵了。

琉璃厂书价日渐腾贵，是在清代末年。据震钧《天咫偶闻》记载：张之洞《书目答问》出来之后，掀起一股买书风，京都士人都到琉璃厂按图索骥，书铺生意兴隆，书价也就日渐上涨了。那时宋版书，计叶论值，视版式好坏，每叶三五钱；殿版以册计，每册一二两；康乾旧版，每册五六钱；新印的书，看版式、纸张的精粗，区别论价。一般真字版比宋字版贵十分之二三，连泗纸比竹纸贵十分之二三，道路远的又比近的贵十分之二三。这里所说的钱和两，都是指纹银。宋版书每页就以三钱算，五十页一册，四册一套的书，就要卖六十两纹银了。当时江南的米价，一石还在一二两纹银之间，四册宋版书，就是四五十石米的价格了。

乾嘉时黄丕烈《书舶庸谭》[1]中《宋刻〈王右丞文集〉跋》云：

> 《王右丞文集》，即所谓"山中一半雨"本，许《丁卯集》(元刻)即所谓"校宋版多诗几大半"本……惜以物主居奇，必与《说文》并售，索值白金百二，而余又以《说文》已置一部，不复重出，作书复之，许以二十六金，得此两书，书札往返再三，竟能如愿。

那时二十六两银子可以买到的书，到了清末以叶

---

1 《书舶庸谭》为近代董康著，其中收录有黄氏这段话。——编者按

计值的时候，恐怕再加两三倍也买不到。但是到了后来，就是鲁迅先生在琉璃厂买书的年代里，那就更不得了了。蜀人傅增湘氏戊午（一九一八年）买北宋本《乐府诗集》一百卷、二十四册，以银元一千四百元成交。替王叔鲁（即后来的大汉奸王克敏）买宋版《后汉书》残本四十九卷，以银元一千五百元成交。俟后王书散出在琉璃厂，《后汉书》又被傅氏以一千二百元收进。武进陶兰泉买明抄本《墨庄漫录》，以六百元成交。这些都是琉璃厂的豪客，就是鲁迅先生所说的"视古籍为骨董"者了。按，傅氏是当时著名的藏书家，收藏有宋、元版《通鉴》各一部，自题为"双鉴楼"。鲁迅先生在《病后杂谈之余》（见《且介亭杂文》）一文中所说的"以藏书家和学者出名的傅某"，便是指他。傅买书时鉴别古籍，议论书价，十分精明。以成千的银元买一套书，那是因为当时的书价就这么贵，并非是他买得吃亏。他买书一般都是买得十分合算的，如前所说一千五百元的书，他以一千二百元收进，便是一例。

以上谈的是那时宋、元版善本书的价钱。至于其他的书，在琉璃厂要看各种情况，时贵时贱，价钱并不稳定，基本上是看顾客的购买情况而涨落。鲁迅先生在《买〈小学大全〉记》（见《且介亭杂文》）一文中有几句说：

> 线装书真是买不起了。乾隆时候的刻本的价钱，几乎等于那时的宋本。明版小说，是五四运动以后飞涨的；从今年起，洪运怕要轮到小品文身上去了。至于清朝禁书，则民元革命后就是宝贝，即使并无足观的著作，也常要百余元至数十元。

鲁迅先生此文是一九三四年在上海写的，但内容谈到五四以后及民元书价，所以也适用说明琉璃厂书价涨落的情况。再如伦哲如在所著《辛亥以来藏书纪事诗》自序中也说："……同是一书，适时则贵，过时则贱，而时之为义又至暂，例如辛酉（一九二一年）以前，宋元集部，人所争得也，乃过此则竟无问之者矣。又如辛未（一九三一年）以前，明清禁书，人所争得者也，乃过此亦几几无问之者矣。"

这位伦先生也是跑了一辈子琉璃厂的人，所说都是琉璃厂实情，就是琉璃厂书价，常常是因为大家都抢购某一类书，这类书的价钱便一哄而高了。反之，无人过问的书，便十分不值钱。据说在清末时，普通地方志没有人买，只有日本人买，书铺以"罗"论价，一元一"罗"。所谓一"罗"，就是把书堆起来有一手杖高。即使是少见的善本志书，因为无人过问，价钱也很便宜。等到一九三〇年前后，北平图书馆、各大学图书馆注意购买方志，各私人藏书家也跟着抢购，不久方志一门，便身价百倍了。鲁迅先生在癸丑（一九一三年）十月五日从琉璃厂本立堂买《嵊县志》，附《郯录》，十四册，价二元，那自是十分便宜的了。

鲁迅先生在《买〈小学大全〉记》一文中还说过《东华录》《御批通鉴辑览》《上谕八旗》《雍正朱批

谕旨》等清代官书，无人过问，价钱低廉的情况。在当时，除此之外，也还有《皇清经解》等类的书，也是无人过问，都同称斤卖差不多，也常常是以手杖论值卖给日本人了。而相对作为古董的书却更价值惊人了。自从庚子之后，《永乐大典》散出，清末琉璃厂文友堂以每册现金一百银元的代价到处搜求，卖给日本东京文求堂店主田中庆太郎。伦哲如《辛亥以来藏书纪事诗》曾记：山阳人吴莲溪，庚子乱中翰林院私分《永乐大典》时，曾分得百来本，当时尚无卖处。宣统间，由于琉璃厂书铺重价收求，吴因之致富。去世后，家中尚有二本，一全一不全，全的要卖三千元，不全的要卖一千元，那就更是奇货可居了。算来鲁迅先生十五年中，全部在琉璃厂买书的钱，也不够买这两本《永乐大典》的。

琉璃厂是古籍集中的地方，书价与外地比较，一般要比外地高。利之所趋，琉璃厂书商都以到外地收集古籍为谋利捷径。近的到山东、山西、河北、河南，远的到云、贵、川、广，每趟外出收书，都有不同的收获。有名的如述古堂于魁祥一九一七年在山东买到宋本《八经》、宋本《唐十家小集》。个人营业的衡水人彭文麟，专门外出收书，远到湖南、江西，一九三一年在山西曾廉价买到《永乐大典》十余册。山西南路过去不少经营钱庄票号的商家，收藏的明清小说很多，明清小说书价大涨之后，琉璃厂书铺便常前去收购。文介堂张德修在山西购到《金瓶梅词话》，回到北京，以八百元卖给北京图书馆，真可算是一本万利了。

鲁迅先生一九一三年回绍兴时，在绍兴奎元堂买到过一部毛晋汲古阁的《六十种曲》，二十四元。后来先生在一九二一年经济困难时期，把这套书在北京以四十元的代价卖掉了。一九二一年四月七日记云：

上午卖去所藏《六十种曲》一部，得泉四十，午后往新华银行取之。

在这一买一卖之间，也可以看出当时北京与外地书价的差异了。

当然，上面拉杂所写，还是那时琉璃厂书价的大行大市。至于说在小市冷摊上买到便宜货，那也是时而有之的事。但那多是因为卖者是外行，买者偶然碰巧，不能作为书价的行情。

碑帖铺和古钱铺

鲁迅先生在北京，有几年勤于抄碑、校勘碑，便经常买拓片，因此和琉璃厂碑帖铺的关系很深、很多。读先生日记，记录的碑帖铺的店名，就有敦古谊、师古斋、式古斋、富华阁、肄古斋、宜古斋、仪古斋、耀文堂、震古斋、访古斋、德古斋等十几家之多。碑帖铺在琉璃厂是一个独立的行业。固然书铺如有正书局、神州国光社、文明书局等也影印碑帖发卖，有些古玩铺偶尔也卖旧碑帖，但这都和碑帖铺不同。碑帖铺则是不卖别的，专门卖碑帖的。其内容大约一是已裱好的碑帖，作折叠册页式，有木制夹版，或锦裱封面，有各代、各家的题跋，有题签，这中间分宋、元、明、清、晚近拓本，从题跋和收藏图章以及金石著作中，可以识别和考校其源流。这种好的旧拓价钱是相当贵的。二是翻刻的成套法帖，如宋代《淳化阁法帖》，清代《三希堂法帖》，私家《宝晋斋法帖》《戏鸿堂法帖》等。三是未裱好的碑、石刻、造像、吉金等拓片。有旧拓的，也有碑店伙友到各省新打的，有从原碑拓的，也有翻刻后重拓的，有各金石碑目早经著录的，也有新出土的。鲁迅先生所买大约都是第三种。这种古物，在古书、法帖、古玩之中，大概是最便宜的了。根据前人的记载，拓片在清末的价格大约是字多的，京钞十千一张，合京外钱一千文，即铜元一百文。字少的以束论，一束十余张，七八千文，合京外钱七八百文，即铜元七八十枚。到鲁迅先生时期，价钱贵多了，但比书画古玩还是有限得很。如《河南存古阁藏石拓本》全份三十种四十六枚，四元；《曲阜孔庙汉碑拓本》十二种十九枚，三元；《龙门全拓》大小一千三百二十枚，三十三元。这些也都只合一两角或几分钱一张，不能不说是很便宜了。

鲁迅先生买拓片，从日记上看，是由乙卯（一九一五年）开始的。该年四月二十五日记道：

往留黎厂买《射阳石门画像》等五纸，二元；《曹望憘造象》拓本二枚，四角。

六月十三日记道：

往留黎厂买《赵阿欢造象》等五枚，三角。又缩刻古碑拓本共二十四枚，一元，帖店称晏如居缩刻，云出何子贞，俟考。

缩刻是按照旧拓本缩小重新上石的，这主要是原碑已亡失，世间只留拓本，好事者缩小重新上石，以资流传。

八月三日记道：

下午敦古谊帖店送来石印《寰宇贞石图》散

叶一分五十七枚，直六元。

同年八月十二日、九月一日都记着敦古谊帖店送造像拓本来。十月四日记道：

上午富华阁送来杂汉画象拓本一百卅七枚，皆散在嘉祥、汶上、金乡者，拓不佳，以十四元购之。

十一月二十日记道：

在敦古谊买《爨宝子碑》等拓本三种，三元。

从这些日记看，先生最早所买拓本，大都是造像多，碑和墓志等还是比较少的，到后来才陆续买碑和墓志等拓片，那时抄碑的工作也就开始了。关于先生买拓片、抄碑的情况，周遐寿老人在所著《补树书屋旧事》中说得很清楚，这里就不再多赘了。看先生丁巳（一九一七年）正月二十二日记道：

晚许季上来，并贻食品。旧历除夕也，夜独
坐录碑，殊无换岁之感。

　　旧历大年夜，当时家家都在忙着请神、祭祖、辞岁、吃年夜饭，而先生却独自一人，坐在山会邑馆补树书屋的煤油灯下，静悄悄地录碑，此情此景，应该如何解释呢？可以说，这绝非天涯寂寞之时，正是战士磨砺之际吧。有哪一位高明的画家，画一幅《除夜录碑图》，这难道不是一道很好的画题吗？

　　鲁迅先生在买拓片的几年中，是经常到碑帖铺去坐坐的。碑帖铺内部的陈设，大体同书铺一样，所不同的，书铺架上都是大部头、小部头的各式各样的书，而碑帖铺架上摆的则是各种碑帖罢了。店中也收拾得干干净净，窗明室朗，顾客比书铺少些，所来的人都是内行的多，来了坐下随便谈谈，拿出所需要的碑帖或拓片，打开看看，品题讨论。如果是旧拓，看看肥瘦漫衍的情况，研究一下年代，分析一下流传的过程。如果是新拓，谈谈碑在哪省哪县，是新出土的，还是旧有的。现在原石还在不在，与旧拓比较一下漫漶的情况，比宋拓少哪些字，比明拓少哪些字。新出土的东西，现存何处，出土情况如何，拓得墨色好不好。总之金石文字，这套学问也是无穷无尽的。精于此道的，既要熟悉各种碑目，又要能够鉴别实物，是宋拓还是明拓，是原刻还是翻刻，哪一字阙，哪一字不阙，或是阙半边，阙某一笔，要如数家珍，到眼不欺。这些就是碑帖铺的学问了。当然从碑帖的内容看，还要联系到历史；从碑帖的字形看，还要联系到文字学；从碑帖的书法看，那还要联系到书法艺术；那个范围就更加广泛，更远远地超出碑帖本身的学问，那就是各种专门学者的事，不全是碑帖铺伙友所能做得到的了。

鲁迅先生抄碑，意在研究金石，校勘碑文，作碑录，这完全不同于临摹碑帖，练习书法。所以收集拓片，要全、要完整。一通石碑，上面有碑头、有篆额，下面有底座，正面有碑文，后面碑阴也有文字，往往两侧也有文字。至于墓志，也有铭文和墓盖之分，两块大小一样的方石，一块是墓盖，篆书某某之墓，一块是铭文。再有造像，有前身，有后身，前身是像，后身有字。凡此等等，从历史和金石研究的角度出发，都是有价值的，所以要收集全。先生日记中有时记着"并阴""阙侧""阙额""并盖"等字样，就是记明这种情况。

先生在琉璃厂收集旧籍和拓片的同时，也喜欢买一些古钱，日记中写着"古泉"。如甲寅（一九一四）年六月六日记道：

往留黎厂李竹泉家买圆足布一枚，文曰"安邑化金"；平足布三枚，文曰"戈邑"，背有"쓹"字，曰"兹氏"，曰"闲"，又"垍"字圆币二枚，共三元五角。

同年七月二十二日记道：

下午往留黎厂买古泉不成……

我国历史悠久，古代货币的收集、考证和研究，关系到的方面也非常广，过去这方面的专门著作也很多。琉璃厂那时有专门卖古钱的店家，有名的"广文斋古钱铺"，创建于清代咸丰五年，一直到三十年代中叶才歇业。它的创始人刘三戒，绰号就叫"古钱刘"。鲁迅先生在癸丑（一九一三年）也记着买过他家的古钱。八月十六日记道：

在广文斋买古泉十八品，银一圆。

同月十八日又记道：

往琉璃厂广文斋买古泉二十一品，银二元六角。

广文斋古钱铺的创办人刘三戒去世后，由他儿子刘廷锡继承营业，从他父亲手中学艺，也是懂得古钱的专门家。鲁迅先生到广文斋买古钱时，"古钱刘"早已去世，正是刘廷锡当家的时候。至于上面所说的李竹泉，那不是商店，可能是个人营业的。琉璃厂书籍、古玩、碑帖等行业除店铺而外，也还有不少个人营业的，俗名叫"耍人的"，这些大抵都是在店铺学徒做伙友之后，由于各种原因离开店铺，没有更多资本，不能自己开店，而又有专门行业，琉璃厂街面也熟悉，便凑少量资本，个人经营，也可以维持生计。他们大多住在琉璃厂附近，在顾客中也都有老关系，不愁没有生意。营业方式一般都是送货上门，送到家中或单位中，货源有的是自己贩运的，有的是从关系深的店铺中借的、赊的。这些人当中，也很有些知名之士，如宝坻县人刘宇清，个人营业，常到外省去收书，精于版本鉴别，人称"宋版刘"。冀县人萧金铭，也是个人营业，到外省收书，在山东买到过宋麻沙本《三礼图》，这在琉璃厂都很出名。李竹泉卖古钱，应该也是这类情况。先生在以后的日记中有一处记着往"李竹泉店"，可能后来他生意不错，慢慢开了小铺子了。[1]但是也有倒楣的：冀县人魏进考，独自营业，来

1　关于李竹泉的情况，《鲁迅研究资料二辑》载有吴凤岗的来函摘登说："一九七六年十月访问原琉璃厂云松阁主人李尧臣（转下页）

往的主顾都是北洋政府参、众两议院的议员，有一年国会解散，各议员纷纷离京，当时营业，一般都是赊账，要等端午、中秋、除夕三节收钱，议员离京，他的书债就都收不回来了，而他卖出去的书，又都是从

（接上页）之子李庆裕老先生（现年七十九岁），他是鲁迅当年所熟识的人。《鲁迅日记》一九二五年四月三日曾提到他。《文物参考资料》一九五六年十期《鲁迅先生对历史文物的研究》一文中也介绍了李和鲁迅的事迹。据李说鲁迅常去他家开的文物店购物。他家门上的横匾是'李竹庵'三字，是他祖父的名字，两横匾是何人题字，已记不清。窗上的横匾是'云松阁'三字，是店名，据告云松阁古玩店在西琉璃厂路南一百四十九号，一间门面，门靠西，窗靠东。门东西两边各悬一长匾，文字相同：'云松阁收买古钱。'此外，琉璃厂当时并无李竹齐或李竹泉其人其店。""看来《鲁迅日记》中凡写李竹齐、李竹泉处，均是误笔。只有一九二四年九月十八日一条所记'李竹庵'是正确的。"

按，《鲁迅日记》一九一三年十月五日、一九一四年六月六日，一九二四年二月二日、一九二四年九月十八日四次记载去琉璃厂李竹齐、李竹泉、李竹泉、李竹庵家购买古钱等文物。

又按，《鲁迅日记》中去琉璃厂买古玩的铺子是"松云阁"，一九二三年四月十三日记云："在云松〔松云〕阁买唐佛象塑一枚，一元，陕西出。"同月十八日记云："下午同裘子元往松云阁买土偶人四枚，共泉五元。"同月二十四日、二十七日及五月一日都记有到松云阁买古玩的事。一九二四年八月二十二日记云："午后往松云阁，置持畚偶人一枚，泉二。"一九二五年二月三日记云："略游厂甸。在松云阁买鸮尊一，泉一。"以上所记都是"松云阁"，而非"云松阁"。而一九二五年四月三日记云："云松阁李庆裕来议种花树。"同月五日记云："云松阁来种树，计紫、白丁香各二，碧桃一……"又五月二十三日记云："上午云松阁送来月季花两盆。"据此可以看出，"松云阁"与"云松阁"似是两家字号，一为古玩铺，一为花厂。

同业中赊来的，到期无法交账，便服毒自杀了。这是琉璃厂个人营业中的一个悲剧。至于像鲁迅先生丙辰（一九一六年）六月二十二日所记：

晚有帖估以无行失业，持拓本求售，悲其艰窘，以一元购《皇甫驎墓志》一枚。

这简直有些形同乞讨，是个人营业中更为可怜的了。

拓碑的艺术

谈论碑帖铺时，曾谈到碑帖铺伙友的知识和学问，还没有谈到他们的技艺。碑帖铺伙友需要掌握的技艺就是"墨拓"，就是用纸、墨把器物上的文字、花纹拓下来，拓好的就叫"拓片"，就是鲁迅先生那时经常到琉璃厂碑帖铺中所买的了。鲁迅先生除去买拓片而外，也曾托朋友直接去拓碑，自己也曾亲自拓古砖拓片。一九一八年二月六日记道：

裘子元之弟在迪化，托其打碑，上午寄纸三十番，墨一条。

同年七月十四日记道：

　　小雷雨。拓大同专二分。失眠。

一九二四年九月十日记道：

　　齐寿山为从肃宁人家觅得"君子"专一块，
阙角不损字，未定直，姑持归，于下午打数本。[1]

　　这都是先生弄墨拓的实录。这是一种专门的技艺，
其中是大有高低之分的，高手拓工能把原刻的精神逼
真地拓在纸上，所谓纸墨爽朗，神态完足；劣手则要

1　"大同砖"，大同，南朝梁武帝萧衍的年号，即砖模子上刻有大
　同年号，烧出来的有"大同"阳文字样的砖。即公元五三五至
　五四六年间南朝的古砖。另辽太宗耶律德光的年号中也有"大
　同"，但为期极短，这大同砖不是辽砖。"君子砖"是肃宁的汉
　砖，即汉献王日华宫中君子馆的古砖。清人陈方海《计有余斋文
　稿》中有一篇《汉砖铭》，略抄数句于下，以为佐证。文云："肃
　宁苗君学植，藏古砖一枚，有文曰'君子'，携至京师，属余为
　铭。肃宁为汉河间国地，砖盖献王宫中物也。王修学好古，被服
　儒术，四方髦秀不远千里，筑日华宫二十余区，中有所谓君子馆
　者，赖兹故物为左证焉。"

走样，内行人一看就晓得。鲁迅先生日记记买拓片时，有时记道"拓不佳"，便是这个意思。

拓片分类，大致可分三种：一是刻石类，即碑、墓志、造像、经幢等；二是吉金类，即钟鼎、铜镜、古钱等；三是陶土类，即古砖、瓦当、封泥等。拓的过程是：清理原物、上蜡、上纸、捶纸、上墨等几个步骤。这中间既要讲究材料，又要讲求技术手法。根据清代鲍康《鲍臆园手札》，陈介祺《簠斋传古别录》《陈簠斋笔记》等书记载：墨拓用纸最好是汪六吉棉连扇料纸，俗名"十七刀"（按，这种纸过去在琉璃厂叫"六吉宣"），其次用"净皮纸"，白纸之外，还有一种黄纸。它的要求，就是纸既要薄，又要十分坚韧，弄湿之后，再经捶打，不会破损，干了不会发脆。纸铺在器物上时，先要上水弄湿，使纸服贴地贴在所拓器物上。用清水，用大米汤水，最考究用中药白芨水，取其既少有黏性，又十分滑润。捶打时要用毡卷，把干净白细绒毡卷紧，扎紧，两头切平，在纸上敲击。如是铜器，腹部深处的铭文，或用毛刷、退毫大笔打纸。待湿纸吃进碑文稍干后，再上墨。上墨用绸布包新棉花扎紧，把墨用笔涂在碗盖或小瓷碟上，用棉花包速揉，然后拓在纸上。要分几次拓墨，把墨上足，等纸干了，轻轻掀起，便是一张黑纸白字、蜡光闪闪的拓片了。据陈介祺《簠斋传古别录》所说，墨拓一事，如果仔细讲究起来，那还复杂得很，什么砖、瓦、封泥要上白蜡，铜器不可上蜡，上纸不能用胶矾水，用了会损石脆纸，铜器如何剔字等等，都不是三言两语所能说得清楚的，这都要专门家去研究了。这里只引他几句墨拓运腕的话，以见一斑吧：

◤（西周）散氏盘拓片

拓墨须手指不动而运腕。运腕乃心运使动，而腕仍不动。不过其力或轻或重，或扑或扬，一到字边，包即腾起，如拍，如揭，以腕起落，而纸有声，乃为得法。

这段话说得十分精彩，简直像庖丁解牛一样，要神乎其技了。

搞各种墨拓，比较起来，拓碑、墓志等，较为容易些，因为它是平面的，上纸、捶打、上墨都容易。拓碑也有困难的地方，那是因为有些碑都散在各地，不少都在山崖上，攀登困难，寻找困难。有时真要披荆斩棘，剔除泥沙，才够拓到。所以前人称为"访碑"。乾嘉时画家兼金石家黄小松写过一本《嵩洛访碑日记》，记录他带拓工到嵩山、龙门等地拓碑的情况，从中很可以看出一些拓碑的甘苦，如有一则道：

二十五日，视工人拓龙门诸刻。山僧古涵精摹拓，亦来助力。僧知伊阙洞顶小龛有开元刻字，猱升而上，得一纸，乃邱悦赞利涉书，向所未见，非此僧莫能致也。

从所记可以看出这一纸小拓片得来的不容易，不是这个和尚身上有功夫，可以猱升而上，一般人哪里办得到呢？又一则记道：

> ……龙门石洞内，见顶刻大唐永隆等字，圜转巨书。老君洞顶之刻几遍，架木高危，不能拓取，叹息而已。

这就是石刻太高，不能拓取，使得他望石兴叹了。鲁迅先生丁巳（一九一七年）三月十八日记道：

> 午后往留黎厂买洛阳龙门题刻全拓一分，大小约一千三百二十枚，直卅三元。

把先生的日记和黄小松的日记对照来看，先生买得这份拓片，是十分便宜的了。

拓碑之外，谈到拓造像、铜器等，就要比拓碑困难了。因为这些都不是平整的东西，原物都是不规则形状，有各种弧度，而且都是阳文。《簠斋传古别录》说："上纸有极难者，鼎腹为甚，必须使折皱不在字而已，纸不佳则尤易破，纸不可小，须留标目、考释与用印处，纸文宜直用。"除此而外，拓古铜器还要注意土花铜绿等，拓时既要把文字和花纹拓出来，还不能损坏器物铜绿，所以铜器拓时不可上蜡。总之手续复杂，技艺要求很高，没有一点水平的人是弄不来的。当时琉璃厂拓钟鼎彝器的名家是冀县人薛学珍，清末时曾在京师大学堂（北京大学前身）图书馆供职，专门拓铜器，经验丰富，手法高超，据说摹拓古器，丝毫不爽，和照相一样，但又是照相所不能代替的，可以说是难能可贵的了。

碑帖铺的伙友，除了会墨拓技术，常常到外省各地去拓碑而外，还要学会裱拓片。因为拓片不论白纸、黄纸，纸质都很薄，翻弄的次数多了，很容易弄破，一定要把它裱一下：一种裱法是把拓片一条条地剪开来，装裱成册页式或长卷式；一种只是用东昌纸或皮纸托一下，就是不把拓片剪开，只是在拓片背面再裱一张较坚韧的衬纸。鲁迅先生在日记中常记裱拓片的事，都是指后一种。如丁巳（一九一七年）八月二十四日记道：

下午往留黎厂取所表拓本，凡三十枚，付工四元。

同年十一月十八日记道：

又至敦古谊取所表拓片三十枚，工五元。

日记中这类记载还很多。每张裱工合一角四五分。鲁迅先生所以如此裱拓片，并不是因为这样裱便宜，主要是这样裱可以保存碑的原样，录碑时便于按尺寸、行数、字数观察研究，考校原文。如果剪开来，裱成册页或长卷，考校起来，就不大方便了。

南纸店

北京过去的纸店，除去后来开的永兴洋纸行等专卖道林纸、描图纸、铅画纸等店家，特别叫"洋纸行"而外，其他都叫"南纸店"，这主要因为纸张笔墨都是南方运来的缘故。琉璃厂除书铺、碑帖铺、古玩铺而外，最多的就要数南纸店了。[1]

1　清末《爱国报》所编《燕市积弊》介绍纸铺云："纸铺买卖儿向分两种，有京纸铺、南纸铺的分别。南纸铺所卖都是文人所用，一切纸笔墨砚，宣纸信笺，图章墨盒，时人字画等等，无一不备。京纸铺卖的是本京所造各色染纸，倭子、银花、鞭炮、秫秸、毛头账本儿，与裱糊匠永不离槽。"按，所谓京纸铺所卖，全部是裱糊房屋及冥衣铺糊冥器所用纸。"倭子""银花"等是刷好墙粉的糊墙纸，俗名"大白纸"，"大白"是土产墙粉的名称。"秫秸"是用旧账纸糊好、缠好的高粱秸，糊仰尘、隔断时作龙骨用。再按，庚子以后，又有专卖道林纸、铅画纸、铅笔、钢笔等洋纸行，如东单"永兴洋纸行"之类出现，则北京之纸铺有三类矣。

鲁迅先生早期照顾的南纸店是清秘阁。壬子（一九一二年）到北京没有几个月，就到清秘阁买纸、买画。十一月九日记道：

赴留黎厂买纸，并托清秘阁买林琴南画册一叶，付银四元四角，约半月后取。

同月十四日记道：

午后清秘阁持林琴南画来，亦不甚佳。

此后许多年中，先生买信纸、信封，也总是照顾清秘阁的时候为多。

琉璃厂南纸店的业务，大体可分三部分：一是纸张，发卖各种宣纸，绵纸，皮纸，毛边，粉连，各种笺纸、信封，各种稿纸、仿纸，各种扇面，各种装裱好的喜寿联屏、挽联、册页，各种装订好的折子、本子、老式账簿等。二是文具用品，笔、墨、砚台、墨盒、水盂、镇纸、笔套、笔筒、笔架、浆糊、裁纸刀、国画颜色、颜色碟、印泥、印泥盒子、扇股子、臂搁、笔洗等等。三是书、画、篆刻家的笔单。画家、书家、篆刻家由若干名家推荐订出卖画、卖字、刻图章的润笔价格，在南纸店挂笔单，南纸店代为订购，从润笔中提成，书画家再买南纸店的纸张、笔墨、颜色等等，纸店从两头都得到利润，是很可观的。如鲁迅先生买畏庐老人一幅册页，四元四角，这笔钱中就要按所订合约打折扣，扣掉南纸店的，才是画家实际收入的数字。

南纸店内部店容不同于书铺、古玩铺、碑帖铺，首先一个特征就是它卖纸的部分有宽大结实的木柜台，顾客站在柜台外，店伙站在柜台内，双方进行交易。柜台里面有大货架，放着各种纸张。贴墙都有大橱，下半截有许多大抽屉，放笺纸、扇面等。上半截有许多格子，放裱现成的空白喜寿联、寿屏、挽联等。这种柜台一般都占店堂的一半多，有曲尺形的，也有一字形的。柜台外的另一些地方，也有玻璃橱、玻璃柜台，里面陈列着精致的笔、砚、墨等。在店堂的一隅，还有招待客人休息的桌椅等，都是硬木八仙桌，硬木太师椅，厚厚的老式椅垫，桌前还少不了个高脚白铜痰盂，墙上还少不了应有的题有店名或店主雅号上款的名人书画。柜台里面有门通后面，柜台外面也有门通后面，后面有柜房，有待客的客房，还有货物的堆房，即仓库。有的还有专门挂满书画的房间，供客人参观选购。大南纸店后面都连着院子，这些房屋便分布在院子的正房、厢房中。院子都干干净净，如果夏天，还有花木盆景，搭着天棚，就是人们常说的"天棚、鱼缸、石榴树"了。当然，其他店铺后院也是这点名堂，并非只是南纸店所独有，不过写到这里，顺便提提罢了。

顾客从店门进来，如果买纸，到木柜台前，你要宣纸，什么料半、单宣、六吉、夹贡、玉版、洒金、虎皮、发笺等等，根据你的要求，从货架上，整刀地拿下来，摊开在宽大结实的柜台上，凭你选购。买好了，你要裁成什么尺寸，马上从柜台下面拿出像半圆

▶ 鲁迅致函西谛（郑振铎）谈笺谱（1933年）

▼（清）竹股烫花素面折扇

▼（明）陆治绘蔷薇扇面

镰刀一样的裁纸刀，给你裁好。如果你要打格子：打一副九言联吧，马上把裁好的纸摊在柜台上，红木镇纸一压，柜台下拿出尺、界划等工具，很快就在雪白的纸上，划好朱红的朱丝界线，中间九格，两边还有上下款朱栏，真是待客服务周到，干活干净利索。即便是不买什么，拿个扇面、扇股进去，劳驾他装装，他们也和颜悦色，很熟练地替你装好，分文不取。他们还有修理扇股、配股轴等手艺。以上这点技艺，都是南纸店伙计的看家本领。

信纸、信封、稿纸、仿纸、白折、账簿、扇面和裱现成的喜寿、挽联等，是纸柜的大宗生意，因为这些东西使用的人更为广泛，比单纯买宣纸等纸张的人要多多了。那时官场中讲究笔墨函札，一封大八行，纸墨淋漓，可以影响人的升迁荣禄。到了夏天，三天两头换把扇子，沙地留青的水磨刻竹股子，洒金、发笺，舒莲记五、七层棉料的扇面，有书有画，可以附庸风雅。红白喜事，买副现成的裱好的喜寿、挽联，找人一写，作为人情，又漂亮、又经济、又方便。这种裱的现成的喜寿、挽联不是一般宣纸裱的。喜寿联都是朱红或大红洒金蜡笺，或印好金色花纹的蜡笺裱的，墨浓一些，新写上字非常漂亮。唯一缺点，就是年代长了，墨要脱落。因此卖旧书画时，同样一个人写的对联，蜡笺的便不如一般夹贡、玉版等宣纸的值钱。挽联讲究的也是用印有淡蓝色或其他淡色云头等类花纹的宣纸裱的；如果是素纸裱的，那便是最便宜的了。鲁迅先生丙辰（一九一六年）六月二十二日记道：

上午铭伯先生来属觅人书寿联，携至部捕陈师曾写讫送去。

所说寿联，应是这种现成的寿联。这则日记中一个"捕"字用得非常传神，很可以想见昔时老辈们的友谊和风范。

南纸店里信纸的种类很多，各种信纸都印成八行格子，所以信的别名叫"八行书"，又叫"大八行"。还有那时公文稿纸半面都印十行格子，俗名叫"大十行"。水印花卉诗笺是信纸中最高级的一种。因为笺纸讲究，所以装潢也讲究，一般都有仿古扁盒子，上有题签，标明店名、笺名，如"清秘阁仿古梅花诗笺"之类，一盒大多三五十张，卖时论盒卖。当时大一些的南纸店，都自行印制这种笺纸发卖，各家争奇斗胜，越制越精。那时琉璃厂南纸店以清秘阁、荣宝斋、淳菁阁等几家最大，所以印制《北平笺谱》时，收集这几家的笺纸比较多，这中间也就发现了问题，鲁迅先生一九三三年十月二日给西谛先生的信中说：

齐白石花果笺有清秘、荣宝两种，画悉同，而有一张上却都有上款，写明为"△△制"，殊奇。细审之，似清秘阁版乃剽窃也，故取荣宝版。

十月二十一日信中又说：

清秘阁一向专走官场，官派十足的，既不愿，去之可也，于《笺谱》并无碍。

这里两次提到清秘阁，前一则看出它有窃取版权的行为，后一则说它不愿意参与印制笺谱，索性笺谱就不收它的笺纸。

这里说到的清秘阁，鲁迅先生在京时买过它不少东西。前面说过，在它那里不但常买信纸、信封等，还订购过林琴南的册页。这是一家大店，店址在西琉璃厂中间路南，高台阶，五开间门面，墨地金字大匾，是蒙古旗书家阿克敦布写的，脱胎于欧阳率更的九成宫和化度寺碑，挺秀妩媚，潇洒紧严，兼而有之，店面是很神气的。不过店虽然很大，却也不能保证不作假。记得在七七事变前几年，家中有三个旧扇面，两个是林琴南、姚茫父画的，一个是樊樊山写的，想再配一个裱成四个镜框心子，便到清秘阁订了一个清代最末一科状元刘春霖老先生的。当时我还在求学时期，正好和刘老先生的孙子同学，取回来后，家中大人让拿去问问，结果问下来之后，却原来是假的。便又去找纸店，清秘阁自然老实承认了，说是店中一位伙友仿的。并致歉意，说愿意退钱，只希望少收一点钱，

▶ 火神庙里的古董
（约1941年）

作为辛苦钱，这事也就算了。因为这种事在琉璃厂是
经常碰到的，大家也都不当回事。其实平心而论，那
扇面写得也很不错，只是他不出名，不能靠自己的名
字来卖字，所以只好假造状元的字来卖钱了。当时琉
璃厂南纸店、书画铺中的伙友，因为经常接触书家、
画家，店中可供观摩的名家作品又多，耳熏目染，一
般都能写两笔，画两笔，天分高的，专门模仿某家的
作品，再盖上仿刻的假图章，便似虎贲中郎，可以乱
真。好在社会上慕虚名的耳食之徒多，真正懂行的又
能有几个，因而琉璃厂的假书、假画，也就汗牛充栋
了。至于像鲁迅先生发现的那种在同行之间剽窃版权
的事，虽然不熟悉详情，不能确切地说，但估计也还
不会太少，也绝不只是清秘阁所独有的。

古玩及其他

琉璃厂除去古籍、碑帖、南纸而外，古玩铺也是一个大行业，所谓"文房雅玩"，各种古器物都可作为文玩的。另外还有刻字、裱画、墨盒、图章、笔、墨等铺，就不及以上几个行业多了。

鲁迅先生买古董（或写作"骨董"，实际也非定字，反不如写成"古董"通俗有意义）的时候不多。虽然从广义上说，古书、拓片、古钱等也是古董，但在琉璃厂古玩的特定意义则是古铜器、古瓷器、古玉器、明器、古画等，这些都归入到古玩书画行业，即俗谓"硬片"（瓷器）、"软片"（书画）之类。这些古董，价钱是没有底的。几十几百，甚至成千论万，并不稀奇。一对雍正款胭脂水小花瓶，可以卖一万银元，一个雍正官窑款霁红小茶壶，可以抵押三千银元，这就是古玩的价钱。这些店家也许一年半载没有生意，但做成一笔生意，就相当可观了。俗语说"三年不开市，开市顶三年"，就是这个意思。鲁迅先生月俸在当时讲，虽然也不能说少，但究属有限，买书、买帖，还有余力，谈到买古董，那就不那么简单了。不过话又说回来，当时经常到琉璃厂去，丝毫不沾一点古玩的边，那也不可能。况且在购买古籍、碑帖、古钱之余，兴之所至，也总要注意到其他古器物。古玩之中，也有便宜的，如明器、旧砖、瓦当、造像等，有的是小件物品，俗称"小玩艺"，如铜镜、带钩、箭镞等，这些都不为一般达官贵人所重，价钱有限，则也不妨收集一点。当然先生买这些东西，也还不是纯属为了便宜，自有其更为重要的考证历史文物的意义的。如己未（一九一九年）十二月三十一日记道：

　　午后往留黎厂……得墓志专四块，一曰"大原平陶郝厥"，一曰"苌安雍州刘武妻"，一曰

"李巨妻"，一曰"□阿奴"，共见泉廿。又明器二事，一犬一鹜，出唐人墓中，共见泉二。专出定州，器出洛阳也。

一九二五年二月三日记道：

略游厂甸。在松云阁买鸦尊一，泉一。又铜造象一，泉十，后有刻文云"造像信士周科妻胡氏"。

这些都是价钱稍贵，超过十元的。其他日记中还常记零星的小古物，如：

"又买古竟一面，一元，四乳有四灵文。""……买十二辰竟一枚，有铭，鼻损，价银二元。又唐端午竟一枚，一元。""午后往留黎厂买瓷质小羊一枚，银三角，估云宋瓷，出彰德土中。""午前往留黎厂买古矢镞二十枚，银三元。"

类似这样的零星记载还很多，不再多引了。总之，从这些日记中我们可以看出，先生买点小古董，其意义也还同买画册、买拓片等一样，意在收集研究古代文化、艺术的实物资料，固不同于一般的"闲来无事玩古董"，只是收藏鉴赏，更不同于居奇待沽，以买卖古物牟利者可比了。

除去古玩铺，值得一提的还有一个墨盒图章铺。丁巳（一九一七年）三月二十九日记道：

托师曾从同古堂刻木印二枚成，颇佳。

戊午（一九一八年）四月十一日记道：

下午同陈师曾往留黎厂同古堂代季市刻印，又自购木印五枚，买印石一枚，共六元。

同年八月五日记道：

午后往留黎厂同古堂取所刻印章二枚，石及

工价共券五元。

一九二〇年一月二十日记道：

午后往留黎厂同古堂买墨合、铜尺各二，为三弟。

这几则日记都写明同古堂。这是琉璃厂一家很有名的墨盒图章铺，地址在西琉璃厂路南。创始人是河北新河县人张福荫，字樾臣，精通篆法，仿古篆刻，名气很大，刻图章，也刻墨盒，是琉璃厂一绝。曾给藻玉堂书铺主人王子霖刻一墨盒，上刻梁任公所书"龙飞虎卧"四字，十分精到。自己影印出版两册《士一居印存》。胡鬻文《知困斋诗存》有赠他的诗道："厂甸西头张樾臣，手拈铁笔仿周秦。满腔中有燕邯味，不似寻常市上人。"熟人称张为"张老樾"，同钱玄同很要好，钱文章中也曾提到过他。鲁迅先生说"刻木印二枚成，颇佳"，很可能就是他亲手刻的。因为是陈师曾代办的，陈当时既是教育部金事，又是书画篆刻名家，在琉璃厂有笔单，同琉璃厂的关系很深，熟人也多，同张樾臣关系很深，代张画墨盒画稿。《北平笺谱序》说："义宁陈君师曾入北京，初为镌铜者作墨合，镇纸画稿，俾其雕镂；既成拓墨，雅趣盎然。"因此陈到同古堂找张樾臣刻印，他自会亲自动手的。他的店主要是卖墨盒；墨盒是北京琉璃厂的特产，而又以张樾臣所刻为个中翘楚。手中还有一个买自同古堂的破墨盒子，年来尚未失去，刻的是姚茫父的山茶花，花上立着一个正面怪鸟（按，过去正宗画家，画鸟不画正面的，因其两目圆睁，面目可怖也）。边上一首五言绝句道："压断千寻立，山茶一树栽。自时寒鸟舞，犹向雪中来。"刻得很有风格，但是否是张樾臣亲手所刻，那就不得而知了。他的儿子名少丞、幼丞，亦能继承乃父的技艺。

墨盒图章铺，还卖各种铜镇纸，方圈、圆圈的叫作仿圈，长条的叫镇尺，上面也略事雕刻，或字或画，再在上面填上石绿，十分好看。总之没有光面的。当然，你要买光面的订刻也可以。另外你买了之后，店中还可以代你刻上款，即使不送人，你也可以刻上"某某制于都门，某年某月"，如"丁巳仲秋""戊午孟夏"之类，以资纪念。

琉璃厂裱画铺也不少，大小也有二十来家，如老的萃文阁、懿雅斋，后来开的玉池山房等，都很出名。另外还有笔铺戴月轩、贺莲青、胡魁章等，也是全国知名的店家。但鲁迅先生同这些店家，似乎都没有什么来往。

最后只说一家特别的店铺，那就是大名鼎鼎的信远斋，这在琉璃厂是一个特殊例子。因为东西琉璃厂都是以卖"精神食粮"出名的，只有它是以卖酸梅汤和蜜饯食品而出名。提起信远斋的酸梅汤和酸梅膏，在北京过去是没有人不知道的。鲁迅先生日记中也多次提到它。而最可伤的，就是前面所说，先生最后一次去琉璃厂是特地到信远斋买物之后离去的，从此就一去不复返了。

信远斋的店主姓萧，是河北衡水人。他的族人都是古书行业的，不知他怎么开了专卖酸梅汤、蜜饯的食品店。当然自有其渊源，只可惜过去没有详细打听一下，以存一琉璃厂之掌故。[1]他家最出名的是酸梅汤，夏天傍晚经过他家店门，老远就能闻到凉阴阴的酸梅、桂花味。人家说他把浸了桂花的水泼在门前，不知确否。不过在夏天店门前天棚底下，总是用喷壶把路洒得很潮，凉意盎然，这是确实的。它在东琉璃厂路南，东隔壁是翰文斋书铺，对门原是文明斋书铺，后来改为师竹斋裱画铺。边上一条小胡同，叫文明胡同。可能是开在琉璃厂这条古老文化集中的街道上的关系吧。虽说是卖食品，店面也还和书铺、古玩铺一个样，里面也是十分古老，用大的釉下青的蓝花大钵盛着酸梅汤，镇在老式绿油大冰桶里，客人来了，用白铜勺子盛在釉下青的蓝花汤碗里端过来，这一套别的地方能看得到吗？只是酸梅膏、秋梨膏还是盛在一

1　按，《宇宙风》社所编有关北京风土资料书中所收徐霞村《北平的巷头小吃》一文中，说到酸梅汤的制法："把乌梅放到大量的水里去煮，煮时加上冰糖和桂花，煮好把滓子去去，加以冰镇，即成。然而怎样把乌梅、水、糖、桂花这四者的分量配得恰到好处，那就是每个制售者的秘密了。北平的酸梅汤以琉璃厂信远斋所售的最好。"另外，据说信远斋的酸梅汤煮时要加豆蔻。

般的玻璃瓶子里卖，没有特制的容器，未免有点寒伧了。

又按，北京广播电台"首都生活"于一九八一年九月三十日广播说，信远斋当时是党的地下联络站。

琉璃厂外

在编印《北平笺谱》过程中，鲁迅先生写给西谛先生的信内，除提到高手雕版艺人板儿杨、张老西二位之外，还写道：

譬如陈师曾、齐白石所作诸笺，其刻印法已在日本木刻专家之上……（见一九三三年二月五日函）

李毓如作，样张中只有一家版，因系色笺，刻又劣，故未取。此公在光绪年中，似为纸店服役了一世，题签之类，常见其名，而技艺却实不高明，记得作品却不少。先生可否另觅数幅，存其名以报其一世之吃苦。吃苦而能入书，虽可笑，但此书有历史性，固不妨亦有苦工也。

……

……特请人为笺作画，三也。后者先则有光绪间之李毓如，伯禾，锡玲，李伯霖，宣统末之林琴南，但大盛则在民国四五年后之师曾，茫父……时代。（两则均见一九三三年十月二日函）

从这些摘引的片段文字中，可以看出在琉璃厂之外，又该有多少人为它服务呢？这就是说琉璃厂之所以为琉璃厂，不只是内部有书画、古籍、碑帖、古董等行业许许多多专门人才从事文化、艺术工作，同时它的外面也还联系着广大的各行各业的专门人才，为它从事直接和间接的工作。这些人中，既有不少知名之士，也有不少无名英雄，他们都为琉璃厂作出贡献。如果没有厂外的这些人，琉璃厂是不可能成其为琉璃厂的。

琉璃厂外为琉璃厂服务的，姑且可以分作两个方面：一是大批知名的书家、画家、金石篆刻家；一是大批不知名的能工巧匠。琉璃厂大大小小的南纸店、图章铺，都挂着不少大小名家的笔单，他们通过琉璃厂卖字、卖画、卖篆刻，琉璃厂也通过他们撑门面，赚钱。印制笺纸，也少不了先请画家画稿子，然后才能雕版开印。没有画家的稿子，没有刻工雕版，只靠南纸店自己的印工，也是无能为力的。这中间名气大小不同，技艺高低不同，社会地位不同，南纸店对待他们的态度便也不同。如徐世昌，字菊人，别号水竹村人，做了大总统还要卖字，那自然是琉璃厂的特殊作者。当时类似这样身份的人还不少，南纸店对待他们自然是惟恐逢迎之不足的。至于社会上别无其他地位，又不是特别有名，只靠卖画、卖字作稻粱谋，如鲁迅先生所说的李毓如一班人，那就是辛辛苦苦地"似为纸店服役了一世"的了。

琉璃厂除真的知名书画篆刻家为它服务之外，还有为数更多的无名书画篆刻家假托古今名家之名，为各纸店加工赝品，或全部假，或部分假。技艺高的，仿谁像谁；手段高的，可以把一张旧画，掀开来变成两张画。制造假字假画时，纸用旧纸，绢用旧绢，假图章一盖，能够炮制出二十世纪的唐、祝、文、仇的书画来。所以那时琉璃厂的假书画、假古董，是任何人也说不清它的数字的。平心而论，这些专门制造赝品的朋友，技艺高的，本身也可以闻名、传世，只是他们苦于没有名，不能用自己的名字卖大价钱，只好终身借重别人的大名，可见"出名"是多么地重要。吴梅村诗云"弃家容易变名难"，有的人苦于不能"出名"，又有的人又苦于有名而不能"逃名"，这点道理，又谁能说得清楚呢？

琉璃厂各店家在厂外还联系着各行业不少能工巧匠，如雕版工、刻字工、小器工、锦匣工、修瓷工、刻碑工、铜工、玉石工、石工、象牙工等等。鲁迅先生提到的板儿杨、张老西儿两位，就是这许许多多能工巧匠中的成员，琉璃厂习惯叫"过行"。比如书局要出书，本店没有刻字工，便要向外面找刻字铺或个人刻工；古玩铺的瓷瓶、花钵要做托子、架子，便要找专雕红木小器的小器做；大小古器要做匣子，便要找专做锦匣的锦匣局；南纸店要加工冷金笺、雨雪宣、靛蓝瓷青书衣纸等，也要过行找染工，琉璃厂东门外观音阁同兴局，就是有名的专应这宗加工生意的。再有铜墨盒、铜图章要由铜铺锻制加工坯料，牙章要由象牙局供应坯料，所以它联系的行业非常广，各种工人非常多，活计要求也非常高；粗糙的、庸俗的活计在琉璃厂是没有市面的。所有活计如果用句行话说，就是要有点"书卷气"。即便裱糊一个小小的盒子吧，也要有这点水平才合款式。过去有位常跑琉璃厂的前辈送过我两锭小明墨，一锭胡开文的，一锭许圣可的，墨很小，大不逾寸，厚薄也只有两分左右，两个蓝布小盒，里面白绫里子，放墨的凹处，严丝合缝，盒子内外，都裱糊得非常服贴，一个小小的牙签签牢，两个栗壳色旧纸小签，用唐人写经体写着"胡开文墨""明许圣可墨"。内行人一看，就知道是琉璃厂的风格，把玩之间，淡雅质朴，使人真要生买椟还珠之感了。这些能工巧匠，一般都住在琉璃厂左近，如厂东门外杨梅竹斜街和厂西门外南北柳巷一带，可惜大多姓字早已湮没无闻，板儿杨、张老西儿二位，能因鲁迅先生编印《北平笺谱》的关系，得到流传，也是很幸运的了。

鲁迅先生当年经常过往的琉璃厂，从厂内说到厂外，虽说挂一漏万，但大体上凡与先生日记有关的，说得也差不多了。但还有一个重要的地方，那就是厂甸，它既是琉璃厂不可分割的一部分，但又是可以独立成篇的。因为厂甸内容太丰富，只写一段必然太少，写得多了与本篇又不相称，因而只能重起炉灶，另写一篇了。

酒肆谭乘

酒肆题名录

　　鲁迅先生壬子（一九一二年）阳历五月五日到北京，一九二六年八月二十六日离开北京，其后于一九二九年五月间、一九三二年十一月间，又两次回过北京，每次时间都不长。在久住的近十五年的时间中，以及后来两次回北京的短暂归省中，先生和朋友之间，经常不免有些饮宴应酬。有时是人家请先生，有时是先生回请人家，有些是在家中吃，有些是在饭馆里吃。尤其是早期，先生在北京还没有安家，单身住在会馆里，所以多半是在饭馆里聚会，因而在《鲁迅日记》中，记录当时的饭馆名称非常多。有的字号是先生常去的，有的字号是先生偶然去过的，总之不管是经常去的也好，偶然去的也好，当年都是曾经留下过先生足迹的。我们从日记中看到这些饭馆的字号名称，难免不联想起当时的情景，当时的环境，当时的人物，当时的气氛，当时先生的音容笑貌。这些自然都已是历史的陈迹了，我们缅怀先生的仪型，当然最重要的是学习先生的精神，但是如果能从生活的各个方面去怀念先生，那就感觉到更亲切，更生动。为此，我想把先生日记中所提到的当时北京的饭馆，和一些当时有关饭馆的情况作一个介绍，尽量使它再现于笔墨文字之间，使我们能够更亲切地感受到当时的气氛，那么先生在日记中所记下的那些饭馆的字号名称，与读者也就更为接近和具体了。

从先生的全部在北京居住的日记中翻阅，除一九二二年日记早已散失无法查核外，在先生日记中一共记录了以下一些饭馆、酒楼、饭店等的字号名称：

广和居　　　　　　（菜市口北半截胡同南口）[1]

1　所标地址，未有（　）者，乃先生原著；划（　）者，乃笔者所加。

致美斋	（前门外煤市街）
便宜坊	（前门外肉市）
集贤楼	什刹海（按，即会贤堂，店名记错）
同和居	西四牌楼
南味斋	（西珠市口）
小有天	西河沿劝业场
杏花春	韩家潭
澄乐园	劝工陈列所
四海春	（宣内大街）
玉楼春	（煤市街）
海天春	（宣内大街）
厚德福	（前外大栅栏）
醉琼林	（前外陕西巷）
同丰堂	（鲜鱼口长巷头条路西）
益昌	（西单南大街）
华宾楼	（珠宝市）
宣南第一楼	（宣内大街）
福全馆	（东四牌楼隆福寺街）
瑞记饭店	（后迁中山公园内，最早未详）

小饭店　　　　　（未详）

金谷春　　　　　（西珠市口）

泰丰楼　　　　　（煤市街）

中山公园闽菜馆

京华春　　　　　（五道庙）

中华饭庄　　　　陕西巷

又一村　　　　　（未详）

四川饭馆　　　　（未详）

新丰楼　　　　　香厂新世界对面

聚贤堂　　　　　（西单牌楼报子街）

澄园　　　　　　香厂

玉壶春　　　　　青云阁

和记　　　　　　（绒线胡同西口）

第一春　　　　　（未详）

中兴茶楼　　　　东安市场

欧美同学会　　　（南河沿）

西车站食堂　　　（前外西火车站）

东兴楼　　　　　（东安门大街）

颐香斋　　　　　（按，此即颐乡斋，见后面）

宴宾楼　　　　　（前外西河沿）

陶园　　　　　　（西单南绒线胡同）

中央饭店　　　　（东长安街）

大陆饭店　　　　（西长安街）

西吉庆　　　　　（宣内大街）

鼎香村　　　　　（骡马市大街）

孙德兴饭店　　　（未详）

龙海轩　　　　　　西长安街

燕寿堂　　　　　（东四牌楼）

四宜轩　　　　　　中山公园

撷英居　　　　　（前外廊房头条）

滨来香　　　　　（西单北大街）

颐乡斋　　　　　（西珠市口）

宣南春　　　　　（未详）

中兴楼　　　　　（东安市场）

华英饭店　　　　（西长安街）

来今雨轩　　　　　公园

石田料理店　　　（未详）

西安饭店　　　　（西长安街）

东安饭店　　　　（东长安街）

法国饭店　　　　（崇文门内大街）

大陆春　　　　　（西长安街）

长美轩　　　　　（中山公园西部）

漪澜堂　　　　　（北海公园）

森隆　　　　　　（金鱼胡同东安市场）

　　以上粗粗统计，共有六十五家之多。当然也有不少次饮宴先生未记下店名的，也有少数店名因个别字记错，似是两家，而实际上是一家的。总之实际数目，应该还远远超过这六十五家。在我国历史文献上，关于这方面的资料历来很少，有的只是宋人孟元老的《东京梦华录》、吴自牧的《梦粱录》、周密的《武林旧事》等书，留下了汴京的樊楼、杭州的太和园等酒楼的字号名称，和当时酒楼场景的剪影。其他各代，则没有具体的专著了。有的，也只是一些零星记载。如果能从一本书中，找出五六十家酒楼饭店的字号名称，在近代各家的著作中，虽不能说绝无仅有，恐怕也真是稀如凤毛麟角了。先生事事留心，在写日记的时候，为我们留下了这么许多饭馆的字号名称，这也是一个有关一个历史时期生活、市容、经济、商情等方面的具体资料，而且这是一般的高文典册中找不到的资料，应该说是十分珍贵的。先生这样记，据我想也绝不是无意的吧。我想就这些饭馆的店名和情况再解说一下，一方面能够更亲切地缅怀先生的仪型风范；另一方面，就保留一点当时有关饭馆的民俗资料来着眼，也不能说是没有意义的。

饭铺、饭馆、饭庄

　　要说清楚这些饭馆，先要把当时北京饭馆的分类大体说一下，因为这毕竟都是六七十年前的情况了，不先分分类，是弄不清楚的。清末《爱国报》所刊《燕市积弊》中道："本处的饭馆子，向分三等，有大、小、中之别，如前门外早年的四大兴及现时的福兴居、万福居、斌升楼，都算大饭馆儿……其余如通聚馆、富源楼、同和馆、致美斋，都为中饭馆儿。"这里所写，也不能概括鲁迅先生所记饭馆的全部分类。因为这里所分，只是饭馆分类，而在旧时北京对饭铺、饭馆、饭庄这三者的涵义，分得是很清楚的。这里所分，只是中间饭馆一档，上不包括饭庄，下不道及饭铺，所以不能概括鲁迅先生所记的全部了，何况先生所记还有卖西餐的番菜馆呢？因此还有就先生所记当时北京饭馆的字号，按等级分类说明的必要：

一是切面铺一类的。包括包子铺、饺子铺、馄饨铺、馅饼铺、粥铺等等，这类铺子都是单打一卖面食的。其中以切面铺为最多，卖斤饼斤面，即论分量卖大饼、家常饼、炒饼、炸酱面、打卤面等；门前挂个箩圈，用红纸一糊，下面再贴一圈剪纸的流苏，这便是它的幌子了。说是切面铺，其实并不都是只卖切面。有一种只卖生切面、杂面的切面铺，而大多数则虽叫切面铺，却是既有面案子，也有饼案子，在堂口上卖大把拉面的炸酱面、打卤面、热汤面等，葱花饼、家常饼、炒饼等，也卖点炒菜，但很简单，什么醋溜白菜、炒麻豆腐、肉丁酱、高汤卧果，就很不错了。不过不要看品种简单的吃食，也是有它的独特风格的。就说饼吧，清末魏元旷《都门琐记》记道："充食窝丝饼、葱花油饼、油饼、糖饼、大小薄饼，下者家常面饼。"名堂也不少。不过它都是以面食为主，不卖饭。

客人来了，半斤肉丝炒饼，一小碗酸辣汤；或是半斤家常饼，一盘醋溜白菜，吃得又香又饱，价钱不过铜元五十枚左右，合一毛多钱，是非常经济而实惠的了。

二是二荤铺。所谓二荤，就是猪肉、羊肉。当然，这里面分大教馆子和隔教（清真）馆子。不过不管它是大教还是清真，它所卖的菜都只限于肉类。什么炒肉丝、炒肉片、坛子肉、木须肉、溜肝尖、爆三样之类，鸡、鸭、鱼、虾等高级的荤菜是没有的，至于说海参、鱼翅等海货，那就更谈不到了，所以俗称"二荤铺"。这类饭馆，不能说比切面铺高级，只能说比切面铺齐全一点儿。基本上也是以卖面食为主的。不过根据情况，看开在什么地方，如果开在旅店，或文教单位附近，顾客中南方人多，它自然也就要卖米饭了。小本经营，生财有道，精明的小铺是永远不会错过做生意的机会的。切面铺不卖酒，切面铺、饺子铺和大酒缸是挨肩兄弟，各有分工的。二荤铺就卖酒了，但所卖只限于一种酒，即掺了水的白干，以两计，不以壶计。二两白干，一盘溜肝尖，半斤打卤面，则酒饱饭亦足矣。

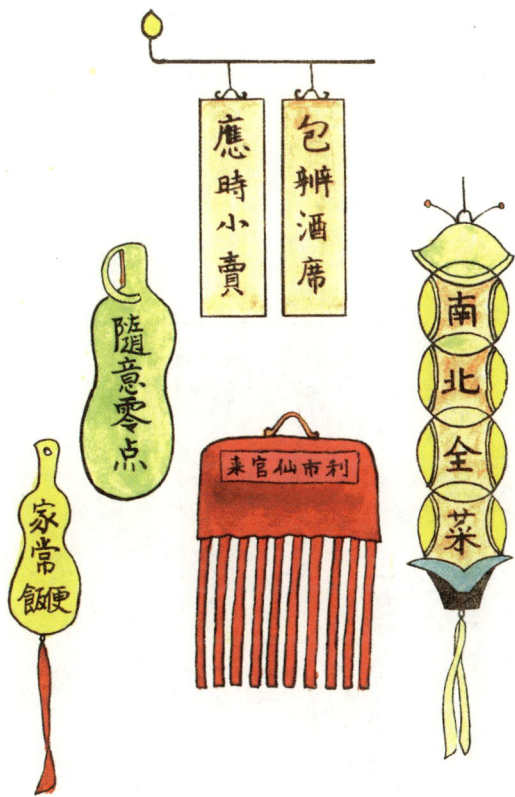

应时小卖

包办酒席

随意零点

家常饭便

利市仙官来

南北全菜

▶ 饭馆幌子

酒 烧

德生泉烧鍋

高粮烧酒

▼ 烧酒幌子

三是一般小饭馆。这种饭馆情况最复杂，各有特征，各有风格。说是小，也不一定就十分小，小到一间门面，三五个座位；大也可以大到三楼三底，有散座也有雅座。其所谓"小"者，大抵是指专营小卖，一般不办喜庆堂会而言。门前的幌子，都是写着"应时小卖，随意便酌，四时佳肴，南北名点"等字样。这类馆子如按地域而分，那就更多了，什么维扬馆、四川馆、广东馆、河南馆、闽菜馆、湖南馆、贵州馆、奉天馆、山东馆、山西馆等等，各有各的特征，各有各的拿手菜，店虽小而菜肴特精，价非廉而点心实细。其中不少都是小局面、大气派，名闻遐迩的名店，有一种特殊的号召力。当时北京小市民阶层有几句口头禅道："逛小市，听小戏，吃小馆。"这种小馆，指的就是这一类馆子。

四是中等饭庄。徐珂《清稗类钞》中说："光绪己丑、庚寅间，京官宴会，必假座于饭庄。饭庄者，大酒楼之别称也。以福隆堂、聚宝堂为最著。每席之费，为白金六两至八两。"这是九十几年前的情况，到鲁迅先生在北京时即六七十年前，也还是这样的。对不能办红白喜事堂会的叫饭馆，而对能办喜庆宴会、堂会的叫饭庄。饭庄又有两种，一种地方较小，兼营小卖，主要以零星酒席为主的，是中等饭庄。这种饭庄，主要就是供应一桌两桌的菜，适宜于小规模的日常饮宴，也常应外面的堂会，到人家住宅中去烧一两桌菜，而且也都有各家的特色。所以有一个时期，这种饭庄子的生意特别好，远远超过另一种大饭庄子。

五是大饭庄子。这是北京旧时最大的饭店、酒楼、会堂三位一体的买卖。一般都有很大的几进院子，不少都带有戏台，可以唱堂会戏，能同时开一二百桌酒席。这种饭庄子，是专门办红白喜事的，娶亲、祝寿、嫁女、丧事开吊，它都可以包办，而且房舍大，庭院多，有时能同时包办几家人家的喜庆宴席。它因为专营大生意，所以对零星生意都不大做。不要说三五个人的随意小酌，它不供应，即使一桌两桌的零星酒席，这种饭庄子一般也不预备。这种饭庄店名都叫什么堂，如什么"同丰堂""福寿堂"等等。得硕亭《草珠一串》竹枝词有一首道："酒筵包办不仓皇，庄子新开数十堂。"并自注云："包席处呼曰庄子，俱以堂为名。"亦可见昔时风气之一般了。后来经营这一行业的基本上都是山东胶东人，由掌柜、掌灶、跑堂到小徒弟，说话都是登、莱、青三州的口音："人"读作"银"，"去"读作"气"，"鸡"读作"给"，"肉"读作"右"，而为人则一般都是精明而直朴，各行手艺都过得硬，做的都是地道的"满汉全席"京帮菜。这类饭庄的鼎盛时期，还是在清代庚子前，大老坐大鞍车，格格梳大把头的时代，当时有"天乐听完听庆乐，惠丰吃罢吃同丰"的口头禅。惠丰堂、同丰堂都是当时的大饭庄子。后来生意一天比一天少，江河日下，逐渐为时代所淘汰了。

以上五种是中餐，还有西餐。当时北京西餐叫番菜，西餐馆叫番菜馆，这个名称现在已经很少有人知道了。这是从《周礼》"九州之外，谓之番国"的意义上产生出来的名词。当时北京的番菜馆也可以分作几等：

一是小小的西菜馆。有些是既卖糖果、西点、饼干等西式食品，又兼营咖啡、茶点和简单的西菜。有的是专卖西餐的小店，座位虽然不多，但也收拾得干干净净，吃吃便饭，十分适宜。但是要大请客，在这种小店比较困难了。

二是较大的西餐馆。正式店名都是"××番菜馆"，店堂较大，有散座，也有雅座。那时还不时兴后来的那种火车间。不管散座、雅座，都是西式桌椅，雪白的台布，车料玻璃的五味瓶，可以随时拼长台，拼成马蹄形或丁字形，招待较多的客人。招牌都写明是英法大菜、德式大菜、俄式大菜等。

三是外国人开的大饭店。其中附设的宴会厅、餐厅，这是不但高级而且是特殊的西餐馆。在当时到这种饭馆去宴客或赴宴，都是有特殊的身份，不是任何人都可以去的。一是价钱大，一般人花不起；二是外国规矩多，一般人不敢去；三是菜单、交谈好多都是用外语，一般人不懂外语，无法去。这类饭店，在当时的北京，与一般市民似乎是隔着一个世界，不要说进去用餐，即使想象其中的情况也是很难想到的。

以上所分，一般还都是有类可归的，另外还有一些特殊的，如茶楼带饭馆、日本料理店等等，则又不在以上这些大类里面，都是别树一帜的异军了。

鲁迅先生日记中所记录下来的那些饭馆，可以说是各类俱全，样样都有了。

"和记"和二荤铺

　　在鲁迅先生日记中提到的最小的饭馆,大概就是属于切面铺一个类型的"和记"了。丁巳(一九一七年)十二月二十八日记道:

　　午同齐寿山及二弟在和记饭。

　　和记是什么铺子?是一家卖清汤大碗牛肉面的小铺。原来开在绒线胡同西口路南,正好在马路转角上,一间小楼,朝西、朝北两边开门,朝北是绒线胡同,朝西便是宣内大街,过马路斜对面就是教育部街。这原来是一家卖牛羊肉的"羊肉床子"(北京过去习惯上猪肉铺叫"猪肉杠",清真牛羊肉铺叫"羊肉床子")。掌柜的会做买卖,动脑筋在楼上摆了几副白茬木器桌凳卖面,什么羊汤面、羊杂碎面都有。其中最好的就是清真大块牛肉面,堪称物美价廉,是鲁迅先生最欣赏的。先生在教育部上班,中午下班出来吃午饭,有一个时期经常到这家吃大块牛肉面,日记中记到和记的地方很多。和记虽然不是十分标准的切面铺,但是属于这一类型的小铺,其特征就是不以卖酒菜为主,而是单一的以卖面制主食为主的小饭铺。不要小看这样小铺,其中却也不少佼佼者,如北京过去出名的前门外都一处的烧卖,一条龙的炸三角,馅饼周的馅饼,穆家寨的炒咯嗒,也都是满城皆知的字号,其身价不亚于成都吴抄手的馄饨、苏州观振兴的过桥面和天津狗不理的包子的。即以和记而论,下面卖卖牛羊肉,上面卖卖牛羊肉面,下面卖不掉的肉,正好在楼上卖面时卖出去,生肉反而卖熟肉的价钱,但却又比专门卖面的人家肉多汤浓,因而广招生意,也就大赚其钱了。后来居然拆掉老房,改建三层洋楼,正式开张饭馆,可见当时赚得确实不少。但气派一大,反而不易赚钱,改成大店却不如卖清汤大块牛肉面时的生意好，没有几年便已清锅冷灶，报请歇业，"和记"也就成为历史名称了。[1]

比和记高一档，就是二荤铺一类的。在先生日记中记有"西吉庆""海天春"等几家，这都在宣内大街上，离开教育部不远，也是先生常去吃午饭的地方。这种小饭馆，当时遍布四城，基本上到处都有，是吃便饭的所在，偶然约朋友一齐去，也是贪图路近，吃便饭方便，不会在这种饭馆正式请客的。这并不单纯因为铺子地方小，更主要的是因为以二荤为主，全是些起码的肉菜，没有什么特色。但是生意仍旧很好，这主要是因为经济、实惠、方便，天天都要吃饭，并不天天都要请客，自然仍是座无虚席了。况且这种店

1　此文写好后，承萧重梅、潘渊若二丈见告，民国初年，绒线胡同西口尚有一极著名之酒家，字号是"且宜"，以"蜜方"一菜名满京师，就是"蜜汁火腿"，把最好的金华火腿上方四周都切去，只留中间正方形一块，加料后蒸制，有特殊配料及特殊火候，当时北京多少著名饭庄都无法仿制。售价亦贵，生意鼎盛时，只一"蜜方"，卖银元六元，相当于一小桌酒席的全部价格了。同时其他廉价菜也十分精美，因之门市小卖，十分热闹。估计鲁迅先生当时在教育部上班，一定也到"且宜"参加过宴会，但在日记中没有记录。

家，对于天天来的人，还可以提供各种方便：如吃完饭写折子，不用付现钱，定期一总付账。如讲好伙食标准，几菜几汤多少钱，包月计算，十分灵活，介乎伙食团、包饭做和饭馆之间的办法。鲁迅先生就曾经在海天春包过饭。癸丑（一九一三年）九月四日记道：

> 午约王屏华、齐寿山、沈商耆饭于海天春，系每日四种，每人每月银五元。

同月十八日又记道：

> 海天春肴膳日恶，午间遂不更往，沈商耆见返二元五角。

这两则日记记载，指包一顿午饭，四人同吃，每顿四种菜，每月五元。除去星期日，每月按二十五六天计算，每顿合两角。现在看看好像很少，其实在当时，这两角钱以实物折合，最少等于一斤半猪肉或十六七个鸡蛋的代价，四个人，每日只四个菜，平均一人一菜，就不能算便宜了。本来这种饭馆日常供应，也不外一些木须肉、爆三样、酸辣汤之类的家常菜，平日零卖可能还注意质量，但这种小饭馆，看利心重，伙食一包到手，每天的菜随它去配，不免就要抽调料（这是旧日饭馆降低质量的行话），甚至把卖不出去的不新鲜的东西搭配上来，所以就"肴膳日恶"，先生只包了半个月便不得不停止了。

这种小饭馆，那时虽说是四城都有，但最多集中在前门外打磨厂、西河沿、鲜鱼口、粮食店一带，因为这一带是旅店集中的地方，单身客商多，一天三顿都是要照顾它的。有的索性就开在老式客店里面，如兴顺店、高升店等，店院内都附带开有小饭铺。这些小饭铺在店堂内的生意倒不多，更多的把饭菜送到顾客所住的地方。小伙计先来问一遍，客人把饭菜点好。到时候，小伙计把一个柳圈椭圆食盒提来，一盘烧茄子、一碗酸辣汤、十个花卷、一份碗筷。等你吃完，他再来收家伙。或是付现钱，或是记账写折子，那就要看具体情况了。在一般机关或学校的附近，也总有

城楼附近休息的人群（约20世纪初）

几家这样的饭馆，做小职员和学生的生意，最忙的自然是中午的一顿了。在各城门口关厢里也有不少这种小饭馆，各做一路生意，阜成门外的做卖煤、卖石灰的车把式或拉骆驼的老乡的生意，德胜门外的做北山卖果子的老乡的生意，各有各的老主顾，进门不用打招呼，也知道吃什么、喝什么，口味、脾气都是摸熟了的。这些主顾酒倒是少不了的，白干、五加皮，所谓"东涞水，西易州"。二两、四两，随客需要，如此而已。至于南酒，即绍兴酒，这种铺子，是绝对没有的。卖酒，也得要有酒菜，也有因此而出名的。阜成门外"虾米居"的兔脯，就曾著录于一本专谈旧日北京的书《陋闻曼志》中，可见其十分著称了。可惜它的兔脯比较特殊，没有成都北门"王麻婆"创造的"麻婆豆腐"那样既出名而又普遍，因此只有昔时北京人知道，外地人则未见经传，不过"虾米居"那时总也算二荤铺一类饭馆中的白眉了。

再有先生所记二荤铺一类饭馆中值得一提的还有"龙海轩"，先生买西三条的房子立契就是在这里立的。

一九二三年十二月二日记云：

　　午在西长安街龙海轩成立买房契约，当付泉五百，收取旧契并新契讫，同用饭……

"龙海轩"在当时正是最出风头的二荤铺，软炸腰花等菜又好又便宜，一时在西长安街很享盛名，尤其是劳动人民、青年学生吃不起大馆子，都想到它家解解馋。有位当年腊月里摆摊"书春"，给人写春联的中学生，一天赚几毛钱，下午一收摊就到"龙海轩"吃软炸腰花，现在谈起来还津津有味，眉飞色舞，不过已是白眉白鬓的七十六岁的老前辈了。

走堂绝技

　　饭馆不论大小，要依靠两个部分：一部分是灶口上掌灶的师傅；一部分是堂口上招待客人的师傅。这种小饭铺，掌灶的师傅虽然都是一般手艺，而堂口上招待客人的跑堂，却是十分值得称述的。其惊人之处有二：一是看座的能力；二是报菜名算账的能力。清代道光《都门纪略》一书中写道：

　　　　走堂，市廛茶馆酒肆，俗尚年轻，向客旁立，报菜名至数十种之多，字眼清楚，不乱话，不粘牙，后堂一喊，能令四座皆惊。

这是十九世纪早期的情况，到了二十世纪之初，情况略有变化，近人徐凌霄在《旧都百话》中记道："番菜馆里竖在桌上的整份菜目单，虽极精雅；南菜馆的挂在壁上的菜目价表，虽用玻璃镜框装潢的像名人字画一般，但在老饭馆皆无所用之。因为菜的名目、样数，都记在走堂的脑中，都挂在走堂的口中。"

大概是礼失而求诸野吧，后来稍微大一点的饭馆都有了印刷的菜单，都时兴开单子点菜，那么这种能报菜名的人才，就只有从二荤铺中去找了。这种小饭馆的生意，不靠卖名酒、名菜大席面，全靠卖家常便饭赢利。到了吃饭的时候，行话叫作"饭口"上，那生意是十分忙碌的，一般店家，真也够得上人头济济，起满坐满的程度。客人来了，首先全靠跑堂的伙计调动座位，绝不会让顾客站着等座，他总能有办法给你拆兑一个地方。客人落座，先揩桌面，后摆调羹、筷子，动作迅速、麻利，然后动问："您几位？吃点什么？喝酒不喝？"等等套话，然后报菜名点菜。一个人也好，三五个人也好，点好菜之后，高声报到菜口上，按所喊配料、烧菜，直到酒、菜、饭样样端上来，从来不开什么单子，不拿什么牌子、筹码等等，多少张桌子，多少位客人，多少样菜品，他都能记得清清楚楚，生意再忙，也不会弄错。某张桌子，什么菜上来了，什么菜没上来，随时都会注意到。如果催快一些，或某张桌子某个菜提前，他会马上高喊："某某菜马前！"最后一个菜端上来，会自动告诉顾客："齐啦——您哪！"再问一句："您还添点什么？"真是手快、眼快、嘴快、腿快，头脑清醒，记忆惊人，态度从容，动作迅速，所谓"静若处子，动若脱兔"，静中观察，简直令人惊叹不已。

以上是看座、接待客人的真功夫。至于吃好后算账的本领，那更是有口皆碑。那时这种小饭馆，没什么菜牌子、价目表，而且各种菜肴酒饭的价钱都是按铜元定的，铜元又按制钱的习惯叫法来喊，制钱又是照"说大话，使小钱"的京吊算法来计数，即一百文青钱算一吊钱，折成铜元，如果是二十七枚，就叫"两吊七"，五十六枚就叫"五吊六"。先生在日记中记钱数时，有时也有类似的记法，如壬子（一九一二年）九月十四日记道：

午收本月半俸百二十五元。浣旧被，工三百。

这里"工三百"，就是按照制钱说铜元，"三百"就是三十枚铜元，而不是三百枚铜元，这三十枚铜元，当时约等于八九个鸡蛋的价钱。

又如乙卯（一九一五年）九月二十三日记道：

晚季市致鹜一器，与工四百文。

这也是四十枚铜元。这在当时老北京口中，便说成四吊了。小铺伙计在客人吃完后算账时，一边数碟子，一边报账："炒肝尖，五吊六；木须肉，六吊四，整十二吊；余黄瓜，三吊二，十五吊二；白干四两，两吊四，十五吊二加两吊四，十七吊六；花卷十二个，四得四十，二四得八，四吊八，十七吊六，四吊八，一共二十二吊零四，您哪——一共二十二吊零四，我候了吧！"妙在还来一句客气话。算时一边数碟子，一边报账，像连珠炮一样，干脆利落，绝不会有分毫差错。其速度之快，是使人难以想象的，比起我举例子，写这段文字的时间，真不知要快多少倍了。而且我举也不过两菜一汤，四两酒，十二只花卷，五种品目，一笔生意而已。而实际上在座客拥挤之际，酒酣耳热之时，这边喊添菜，那边喊上饭，这桌要添汤，那桌等算账，桌子上杯盘狼藉，岂只五样、六样，四五个人吃罢的桌子，起码一二十个盘碗，笔笔账都要立时立刻口头报清，口头算好。这点过硬功夫，实在是难能可贵，决不是一天二天所能练就的，而当时，没这点功夫，也就没有资格在这种小饭铺内跑堂。我对于跑堂朋友的这点绝技，迄今还是声犹在耳，念念不忘。

小酌名酒家

一般在小饭馆，即各种地方风味的小饭馆，在先生日记中记录到的以这类的馆子为最多，如致美斋、南味斋、小有天、杏花春、厚德福、京华春、又一村等，起码要占三分之一以上。因为这都是专吃口味、朋友小聚最理想的地方。徐珂《清稗类钞》中说：

> 若夫小酌，则视客所嗜，各点一肴，如福兴居、义胜居、广和居之葱烧海参、风鱼、肘子、吴鱼片、蒸山药泥，致美斋之红烧鱼头、萝卜丝饼、水饺，便宜坊之烧鸭，某回教馆之羊肉，皆适口之品也。

正是说明这种饭馆专门为小酌、吃精致名菜而营业的情况。这种饭馆与二荤铺之分野，不是大小之分，而是粗细之分。二荤铺一类的饭馆，不管字号大小，所卖的饭、菜、酒，一般都是大路货，而这种饭馆卖的则大多都是各具风格、精心制作的名肴细点。即以面制的蒸食来说吧，这种饭馆内什么澄沙包、水晶包、鸡肉包、火腿包、干丝包、三鲜包、三丁包、霉干菜包、三冬包、叉烧包、水煎包、鸡油卷、松花卷、银丝卷、千层糕、蜂糕、黄糕、水晶糕等等，争奇斗胜，名目繁多。而二荤铺一类的饭馆，则除去馒头、花卷二品之外，其他什么也无力准备了。即使最普通的葱花包子，亦即常说的天津包子，也只是包子铺的生意，二荤铺一类的饭馆中，一般也是不卖的。这就是二者的最大差别。

前面已说过，先生日记中记录到的这类名店不少，如壬子（一九一二年）五月八日、八月三十一日两次都记到了致美斋，前一则云："夜饮于致美斋，国亲作主。"后一则云："晚董恂士招饮于致美斋，同席者汤哲存、夏穗卿、何燮侯、张协和、钱稻孙、许季黻。"
这后一则所记：董是当时教育次长，请的都是部中司
长、科长级的同事。这家致美斋，就是当时小规模饭
馆中的一家名酒家，地址在前门外煤市街，坐西朝东，
门面不大，历史却很悠久。同治《都门纪略》中已记
录到致美斋馄饨的诗，说什么"包得馄饨味胜常，馅
融春韭嚼来香。汤清润吻休嫌淡，咽来方知滋味长"，
可见其字号古老，到鲁迅先生去做客时，已经是五十
来年的老店了。它家的名菜很多，前引《清稗类钞》
中已记到它家的红烧鱼头等名肴了。清末魏元旷《都
门琐记》还记道：

　　致美斋以四做鱼名，盖一鱼而四做之，子名
"万鱼"，与头尾皆红烧，酱炙中段；余或炸炒，
或醋溜、糟溜。

　　这是它家最著名的佳作了。陈莲痕《京华春梦录》
上还记载它家的烩鸭条十分拿手，实际它家还有一个名
菜就是鸭舌炒掐菜（即绿豆芽去头去尾），也是很拿手的。

▼木桶里的豆芽
（1913年）

　　它家除去菜肴而外，点心也很出名，同治《都门纪略》所录《都门杂咏》中就有咏"致美斋奶油槽糕"的诗；其他不少书中都记录了它家的名点"萝卜丝饼"，后来它家最著名的点心就数这个了。这是一种油酥白皮芝麻烧饼，馅子是萝卜丝，甜中有咸，又酥又糯，全在配料的秘诀上。烧饼很小，只有一个铜元大，但因为有馅子，较厚，每只之间都是连在一起的，如果买十二只，那就四个一排，三排连在一起，成为长方的一块。当然最好是在它店内吃现出炉的，不然，买回家去也可以，是堂吃、门售两便的。别看这小小的油酥萝卜丝烧饼，当年也曾引得著名学人怀念不止。俞曲园老人《忆京都》词云：

忆京都，茶点最相宜。两面茯苓摊作片，一团萝卜切成丝。不似此间恶作剧，满口糖霜嚼复嚼。

（注云："京都茯苓饼、萝卜饼最佳，南人不善制馅，但一口白糖，供人咀嚼耳。"）

曲园老人的词是有力的明证，当时北京的茶点的确是值得怀念的，这个萝卜丝饼就是致美斋的。所说"一口白糖"，是老人联想到南方的"太师饼"，这也是小型油酥芝麻烧饼，类似萝卜丝饼，只是馅子全是雪花绵白糖，更无别物而已。

致美斋当时是远近闻名的，因为生意好，名气大，后来在它家斜对门又开了一家"致美楼"，也以萝卜丝饼号召，居然生意很好，没有多少年，致美斋、致美楼同样名动京华，有比翼双飞之势。

致美斋的名菜是鱼，当时还有不少以烧鱼著称的名店，如先生癸丑（一九一三年）三月二十四记道：

晚何燮侯招饮于厚德福，同席马幼舆、陈于

盦、王幼山、王叔梅、蔡谷青、许季市……

这厚德福就是一家以烧鱼著称的名店。在大栅栏路北，是知名的河南饭馆。魏元旷《都门琐记》说：

> 河南厚德福之萝卜鱼亦新味。

"萝卜鱼"就是厚德福的名作，其他还有"糖醋瓦块"，也是它家的独家绝技。河南馆子是以烧黄河鱼名闻天下的，这还是宋代汴京的流风遗韵。但说也奇怪，宋代汴京的宋五嫂鱼流传到杭州，就是有名的"五柳鱼"，是杭州太和园、楼外楼的名菜，但其烧法和口味，则与厚德福的"糖醋瓦块"迥乎不同。杭州太和园等店名师烧鱼，是从来不过油的，而北京厚德福烧鱼，则无一不过油；论渊源虽然同是汴京，均属"梁园风味"，而南北差异却如此之大，形成南北两大派，真有些像谈禅的南宗、北宗之别了。那时西珠市口金谷春也是河南馆子，先生甲寅（一九一四年）十二月三十一日记道："晚本部社会教育司同人公宴于西珠市口金谷春。"不过这家河南馆子一时生意虽也曾火爆过，但却没有厚德福名气大，也没有厚德福的气数长，没有多少年就关门大吉；而厚德福却一直绵延着，前后恐怕也总有半个世纪之久吧。

北京烧鱼都是用油炸，当时只有一家是例外的，就是名盛一时的陕西巷的"醉琼林"。先生癸丑（一九一三年）九月十日记道：

> 晚寿洙邻来，同至醉琼林夕餐，同席八九人……

甲寅（一九一四年）正月十六日记道：

> 晚顾养吾招饮于醉琼林……

这是一家广东馆子，但卖鱼却以善烧五柳鱼、西湖鱼来号召，也是很特殊的。魏元旷《都门琐记》中记道："全鱼向只红烧、清蒸，广东醉琼林，则有五溜鱼、西湖鱼。考西湖鱼之制，宋南渡时所遗。"按，元旷所记，"五溜"应为"五柳"，是从南宋宋五嫂五柳居而得名，是宋代烧鱼的正宗。《光绪顺天府志》曾记有北京仿制五柳鱼的情况说："五柳鱼，浙江西湖五柳居煮鱼最美，故传名也。今京师食馆仿为之，亦名五柳鱼。"不过这也是历史上的名称了。不但醉琼林关张之后，北京无人再说"五柳鱼"，即使在杭州，一般也只说"西湖醋鱼"，而不说"五柳鱼"了。

南味和乡味

得硕亭《草珠一串·饮食门》有诗云：

华筵南菜盛当时，水爆清真作法奇。

食物不时非古道，而今古道怎相宜。

这类诗一时不少，不必多引，均可说明过去北京的饭馆，好多都是以南式、南菜来号召的。魏元旷《都门怀旧记》说："旧酒馆皆山东人，后则闽、粤、淮、汴皆有之，美味尽东南矣。"徐凌霄《旧都百话》道："明明是老北京的登州馆，也要挂'姑苏'二字。"都是一时风气。南方的范围也不小，但北京过去习惯以江浙为南方，而不包括湖广的。南菜一般是指维扬菜，扩而大之，就是扬州菜、苏州菜，这是所谓南方菜的正宗，就是所谓"维扬帮"。先生壬子（一九一二年）九月十一日记云：

晚胡孟乐招饮于南味斋，盖举子之庆也……

这就是一家维扬帮馆子，陈莲痕《京华春梦录》记载它家的名菜是"糖醋黄鱼、虾子蹄筋"，是标准的扬州菜，但字号标榜却是"南味"，可见南味、南菜的涵义了。有比它更靠南却不属于"南味"的范畴的，如卖福建菜的闽式菜馆。先生壬子（一九一二年）九月二十七日记道：

晚饮于劝业场上之小有天，董恂士、钱稻孙、许季黻在坐，肴皆闽式，不甚适口，有所谓红糟者亦不美也。

这是专门卖福建菜的，肴皆闽式，而非"南式"。

店名"小有天"，是借重当时上海名菜馆小有天的招牌。上海当时的小有天因清道人李梅庵的妙联"道道无常道，天天小有天"而名闻遐迩。而劝业场的小有天，自然是小巫见大巫了。不过它在当时的北京也出过点小风头，也算劝业场的一家名店了。劝业场是一家西式建筑的商场，前门在廊房头条，后门在西河沿，当时新建起来没有多少年。这一带原来的房舍是庚子（一九〇〇年）义和团烧大栅栏老德记药房时连带着全部烧光了的。重建起来的三层楼商场，一楼是鞋帽百货等各种铺子，二楼、三楼是照相馆、镶牙馆、台球房、茶楼、饭馆等。小有天地方并不大，虽然红糟不对先生的口味，但却另外有些名菜，如"炒胗肝""高丽虾仁"等，的确是不错了，因而欣赏者还是大有人在，经常在这里举行宴会。先生癸丑（一九一三年）四月二十七日记道：

晚社会教育司同人公宴冀君贡泉于劝业场小有天饭馆，会者十人。

甲寅（一九一四年）一月二日记道：

> 晚五时教育部社会教育司同人公宴于劝业场
> 小有天，稻孙亦至……

两次公宴都是在这里举行，可见小有天还是有点号召力的了。"冀君贡泉"，就是冀育堂老先生，号醴亭，冀朝鼎同志的父亲，享了近九十岁的高寿，在六十年代中才去世，比鲁迅先生年长近十岁，[1] 却比鲁迅先生多活了近三十年。回忆抗战胜利之后，冀老先生初从美国回来，任北大法律系教授，住在沙滩红楼，当时老先生已是七十来岁的高龄，我以世谊晚辈的身份前去看望，老先生还兴致勃勃地拿出新写的白话诗来和我讨论，老辈风范，历历在目，而弹指之间，也是三十多年前的旧事了。

鲁迅先生当年初到北京时，还是比较欣赏故乡的口味的。壬子（一九一二年）十二月三十一日记道：

> 晚铭伯招饮，季市及俞毓吴在坐，肴质而旨，

1　应为比鲁迅小一岁。——编者按

有乡味也，谈良久归。

许铭伯先生在岁阑之际，用家乡菜招待先生，绍兴菜中烧肉、冷猪肉是有名的。"肴质而旨"，用白话说，就是既实惠，油水又足，这便是绍兴菜的特征了。昔时北京本来有绍兴人做厨师的传统，清初史玄《旧京遗事》说："京师筵席，以苏州厨人包办者为尚，余皆绍兴厨人，不及格也。"这是明代末年的情况。到鲁迅先生去北京时，北京还有几家有名的绍兴人开的饭馆，如杏花春、颐乡斋、越香斋等。陈莲痕《京华春梦录》记载说：

> 山阴所设杏花春，颐芗斋之绍兴花雕，味擅上林，口碑尤胜。

这里记得很清楚，盖绍兴饭馆，最重要的是卖绍兴老酒，即陈年花雕，因为饭馆的号召力，一在菜肴点心，二就在酒，没有好酒，菜肴再好，饮宴者也索然无味。过去北京最重南酒，有专卖女贞、花雕的南酒店。《红楼梦》作者曹雪芹说过"日饷我以烧鸭南酒"的话；光绪《都门纪略》酒楼诗云，"陈绍斟来色似茶，高楼午酌胜仙家"。所谓"时尚唯绍兴老酒"，因而绍兴人开的饭馆，自然要以酒来号召了。这两处酒家，鲁迅先生都去过不少次，如壬子（一九一二年）十月十九日记云：

晚许铭伯招饮于杏花春，同坐者有陈姓上虞人，忘其字，及俞月湖、胡孟乐、张协和、许季市。

乙卯（一九一五年）十一月二十日记云：

沈康伯将赴吉林，晚与伍仲文、张协和公饯于韩家潭杏花春，座中又有范逸丞、稚和兄弟及顾石臣。

己未（一九一九年）六月一日记云：

晚子佩招饮于颐香斋，与二弟同往。

▶ 卖爆肚

▶ 葱爆羊肉摊

▼ 二荤铺

▼ 饭庄外送

一九二四年六月二十七日记云：

　　　晚李仲侃招饮于颐乡斋，赴之，同席为王云衢、潘企莘、宋子佩及其子舒、仲侃及其子。

　　这几次小饮，主要都是先生同乡人多，所以都在绍兴馆中领略乡味了。这两处酒家也有几样名菜：杏花春的拿手菜是溜鳝片、烤鳝背等，颐乡斋的拿手菜是红烧鱼唇、烩海参，都是比较高级的。这里要附带说明一下，颐芗斋先生第一次记作颐香斋，第二次记作颐乡斋，第一次是记错了，而这个错是有个原因的。按，"颐香斋"在杭州清河坊柴木巷路南，是一爿以卖焦桃片、麻糕等茶食出名的茶食南货店，先生印象中自然是有的，因而把"颐芗斋"就错记为"颐香斋"了。第二次则是省掉一个草字头，则只是书写时便利，没有其他原因了。

百年老店——广和居

先生日记中记录下来的六十几家饭馆，去的次数最多的大概就要数广和居了。先生壬子（一九一二年）五月五日到北京，五月七日就到它家饮酒，日记记道：

夜饮于广和居。

自此而后，先生就是广和居的常客了。如五月份去了四次，六月份去了四次，七月份去了四次……即使不到它店里去，有客人来了要添菜，仍旧是叫它家的菜。这一点有周遐寿老人《补树书屋旧事》文字为证：

在胡同口外有一家有名的饭馆，还是李越缦等人请教过的，有些拿手好菜，如潘鱼、砂锅豆腐等，我们当然不叫，要的大抵是炸丸子、酸辣汤。拿进来时如不说明，便不知道是广和居所送来的，因为那盘碗实在坏得可以，价钱也便宜，只是几吊钱吧。

说是只要炸丸子、酸辣汤，当然也未必每次都这样，如丙辰（一九一六年）九月二十一日记道：

晚邀张仲苏、齐寿山、戴芦舲、许季上、许铭伯、季市在邑馆饭。

这样在邑馆中正式请客，客人中而且有许铭伯这样的乡前辈，那菜自然要比较丰盛考究了；菜肴讲究，那台面必然也要考究些，不会再用"猫饭碗似的器具盛了来"了。先生为什么特别喜欢照顾广和居呢？唯一的原因就是离得近，先生在南半截胡同山会邑馆前后共住了约八年之久，而广和居就在北半截胡同南口，真是相距咫尺之遥，先生每天上下班都要由它门口经过，所以照顾它家的机会就特别多了。此外自然还有其他原因，那就是它家的菜的确好，名不虚传，而且既有高级菜，也有普通菜，顾客选择起来十分方便。至于它的百年老店的鼎鼎盛名，那自然也是先生早就知道，不免有些向往的了。

广和居开张于清代何年，一时尚难确指，总之是很早的。据徐珂《清稗类钞》所记，在光绪己丑、庚寅间，即光绪初年已是知名的老店了。而且据说道州何绍基家中三世都经常在它家宴客，欠有老账。那时吃饭从不付现钱，全是三节，即端午、中秋、除夕结账还钱。据说后来何绍基还不出陈年酒账，便亲笔开了一张欠条给店家。广和居主人做的全是当时富商流寓京官的生意，拿到何道州的亲笔欠条，如获至宝，便不再去要账，而把这张借条送到裱画铺裱了起来，挂在账房里，当作活广告，以广招徕。后来果然起了意想不到的宣传作用，不少人特地来看何道州的借条，传为宣南佳话；因而使广和居便门庭若市，大发其财了。等到李越缦等人赞赏广和居的时候，又在何绍基之后了。等到鲁迅先生做广和居常客时，广和居仍然是宣南百年老店的老风格。近人杨寿枏《觉花寮杂记》云：

> 燕市广和居酒肆，在宣武门外北半截胡同，肴馔皆南味，烹饪精洁，朝士喜之，名流常宴集于此。辛亥后，朝市变迁，肉谱酒经，亦翻新样，唯此地稍远尘嚣，热客罕至，未改旧风。

先生之所以经常照顾广和居，历久不衰，可能这"稍远尘嚣，热客罕至"，也是原因之一吧。

广和居的名菜很多，前面已说过"潘鱼、砂锅豆腐"，魏元旷《都门琐记》云："广和居之潘鱼、辣鱼，色目之佳者，曰芙蓉鲫鱼。"《清稗类钞》还记有它家的名菜，葱烧海参、风鱼、肘子、吴鱼片、蒸山药泥等等，均可见其拿手好菜之多了。而名菜中都说到鱼，尤其是"潘鱼"，据夏枝巢老人《旧京琐记》所说，是京官潘炳年传授给他们的烧法，所以叫"潘鱼"。另外吴鱼片，是吴闰生创的烧法，所以叫"吴鱼片"。这同伊府面、苏造肉、眉公鸡一样，都是因人而得名的。当年宣南名流咏唱，提到它家鱼的诗句是很多的，这里举一首樊樊山的《缫蕙招饮广和居即席有作》，作为"有诗为证"吧：

闲里堂堂白日过，兴君对酒复高歌。

都京御气横江尽，金铁秋声出塞多。

未信鱼羹输宋嫂，漫将肉饼问曹婆。

百年掌故城南市，莫学桓伊唤奈何。

鲁迅先生壬子（一九一二年）十一月九日记云：

晚邀铭伯、季市饮于广和居，买一鱼食之。

先生特别记明"一鱼"，可能就是著名的"潘鱼"吧。可惜先生这里写得很简略，虽然也能从字里行间体会出先生当时"鱼，我所欲也"的欣愉心情，究竟是什么样的鱼就不得其详了。

广和居百年老店，"未改旧风"，是北京昔时标准的老式饭庄的气派。它开在宣武门外菜市口偏西南面的胡同里，已经远离热闹中心了。没有铺面房，同住宅的房子一样，是四合头院子。路东的门磨砖门楼，黑油大门，门上有嵌字格对联。进大门迎面影壁上挂着擦得金光照眼的大铜牌子，刻着"广和居饭庄"五个大字。门楼前檐挂着几个饭庄的幌子，黑地金字的长木牌，下垂红布条子，上写着什么"山珍海味，旨酒嘉肴，南北细点，满汉全席"之类的话，这是"酒望"的遗意，但似乎是比"酒望"要复杂得多了。大门马头墙上自然还对称地挂着"广和居饭庄"的黄铜大招牌。大门里面，边上摆着黑油大长凳，那是给顾客的车马侍从人员休息用的。每天一开市，跑堂伙计的头儿精神饱满、春风满面地站在门前，客人一进门，彬彬有礼而又格外热情地上来打招呼："您来啦！几位哪？"接着向里面高声喊："几位，看座！"这样里外一致地来接待客人。老式院子，南屋北屋，东屋西屋，大间小间，各有房号，自有分管的伙计招待客人进屋就座，沏茶、擦脸、入座、点菜。要是预先订好座，或赴人宴会，那大门口招待起来就更方便了，什么先生的客人，从大门口可以一直喊到里面来。门口的那位总招待员，对客人是极为熟悉的，是有惊人记忆力的。里面有十家、八家订座宴客的，一般熟客，一进门就知道是谁赴谁家的宴，这就是所谓"知客"的本领。先生癸丑（一九一三年）九月二十七日记云：

> 赴广和居，稻孙招饮也，同席燮侯、中季、稼庭、逷先、幼渔、莘士、君默、维忱，又一有〔有一〕人未问其名，季市不至。

这种宴会，主客都是广和居的老主顾，先生一进门，打招呼的总招待员便会热情寒暄，大声向里面传呼："周大先生到，×号钱大先生屋看座"——这样里面接待的走堂伙计，自会接引到×号打起帘子让进屋去，向屋里报称"周大先生到！"这就是那时北京老式饭庄子的老谱儿、老规矩，百年老店的老风格。

关于广和居的地址和内部的情况，在这里再作一些补充说明：

广和居的地址在宣武门外菜市口西路南北半截胡同南头路东，绍兴县馆在南半截胡同北头路西，可以说几乎是门对门，只是因为胡同岔开的关系，要绕过来走几十步路。这是因为北半截胡同到了南头之后，左右岔开为两条胡同，西面连下去是南半截胡同，东面连下去是裤子胡同。广和居在进口路东，正是走完北半截胡同进入另一胡同的交界处，要到对面南半截胡同的绍兴县馆去，便要绕过"裤子"分岔处的那个三角尖儿，就要多跑几步路了。说也奇怪，就在这样一条不起眼的胡同里，一家普普通通的饭馆子，居然能经营得全国闻名，在历史上留下重要的地位，多少名家为它写诗写文，绵绵一百数十年之久。

广和居房子并不大，路东的大门，临街房子三大间，半间是门洞，院子是东西向而狭长的。磨砖刻花小门楼，黑漆大门，红油门联。现在房子还在，大门上旧日联语的字被刮掉了，但嵌字格联语，上下联第一个字"广""和"还依稀可见。进门迎面是一个磨砖影壁，大门南墙露在外面，因为南面一所房子是缩进去的，所以广和居大门南墙更加突出，也是磨砖刻花，可以挂大铜招牌。所以那时由南横街上胡同南口往北走，不远就可以看到广和居大门的南墙了。进大门转过影壁是狭长院子，南北屋都很入浅，是房座；往东里面还有一个小院，房子也很入浅，都隔成单间，是雅座。厨房是和大门并排的临街房子北头那两大间，房顶上特有的排热气的气窗还在，紧挨大门的是一间账房。建筑比起当年的其他大饭庄子，如什么"惠丰堂""同丰堂"的高堂大院，是不可同日而语的。由于地方小而名气大，食客众多，自然更为拥挤了。李慈铭《越缦堂日记》咸丰十年（一八六〇）三月二十九日记云：

> 定子招同未子，卤荸饮广和居，室隘、日昃热燥不可堪，晡归。

旧历三月底，在北京还不是热的时候，而在湫隘的广和居的酒座上，大名士已经是热燥不可堪，可以想见一百二十多年前的广和居的热闹情况了。

广和居在清末不是一家普通饭馆，简直是宣南掌故的总汇，几乎是一个政治俱乐部了。当时一些有权势的大官吏、有影响的大名士都以到广和居聚会为胜事。夏枝巢《旧京琐记》记云：

> 士大夫好集于半截胡同之广和居，张文襄在京提倡最力。其著名者，为蒸山药；曰潘鱼者，出自潘炳年；曰曾鱼，创自曾侯；曰吴鱼片，始自吴闰生。

枝巢老人所记是光绪年间的事，当时还有一味怪菜，曰"总理各国事务衙门"，大概是"全家福"之类的东西。四川巴县杨沧白昔有《广和居宁悠招饮有赋》诗后四句云："春盘菜半成名迹，坏壁诗多系史材。遗韵同光已销歇，从君说旧尽余杯。"成都邓忍堪《春兴》诗中有句道:"市楼酒保谈耆旧,厂甸书坊阅废兴。"句后自注云:"广和居例为朝贤文宴之地,其老佣能言松禅(翁同龢)、广雅(张之洞)遗事。"

清代末年,广和居最有名的题壁诗是讽刺庆亲王奕劻贪污纳贿的。诗云:

> 居然满汉一家人,干女干儿色色新。
>
> 也当朱陈通嫁娶,本来云贵是乡亲。
>
> 莺声呖呖呼爹曰,豚子依依恋母辰。
>
> 一种风情谁识得?劝君何必问前因。

> 一堂二代作干爷,喜气重重出一家。
>
> 照例定因呼格格,请安该不唤爸爸。
>
> 岐王宅里开新样,江令归来有旧衙。
>
> 儿自弄璋翁弄瓦,寄生草对寄生花。

按,清末有几个名御史专参大官僚,庆亲王奕劻及其子载振贪污严重,御史江春霖上折参他,说北洋总督、贵州人陈夔龙是他干女婿,因陈的续弦女人认奕劻的福晋作干娘；另外安徽巡抚、云南人朱家宝之子又认奕劻儿子、农工商部尚书载振为干爹，关系乱七八糟。江春霖奏折上都揭露了他的罪行，但因奕劻势力过大，不但未参倒，江反而受到斥回原衙门行走的处分。有无名氏就在广和居墙上题了这两首尖锐的讽刺诗。

东西城饭庄子

广和居没有戏台，不能办大规模红白喜事，唱堂会戏，不算大饭庄，但在中等饭庄子中，却是数得着的老字号了。因为它资格老，生意好，名动京华，所以别人也要模仿它了。这像王麻子、汪麻子、老王麻子剪刀铺一样，饭馆也是这样，有了致美斋，又有致美楼；有了广和居，又有同和居。同和居也是相当规模的饭庄子，开在西四牌楼南路西，是标准的山东饭庄。《旧都文物略》记载当年北京著名食物有"同和居之大豆腐"。另外它家拿手好菜是炸肥肠、三不粘、烩两鸡丝等，还有烤得焦黄的像新出炉的面包一样的大馒头。房子原来是两个四合院，后来又加了楼房，院子里加了大罩棚的清凉磨砖房舍，昔年是西四一带最大的一家饭庄，后来主要做西城一带学界的生意。鲁迅先生第一次去时，对它家的印象并不好，壬子（一九一二年）九月一日同许季市、钱稻孙从什刹海归来，在它家吃午饭，日记记云：

午饭于四牌楼之同和居，甚不可口。

可见最初它家的山东菜，也就是京帮菜，并不十分对先生的口味。可是若干年之后，先生定居西四一带，先住八道湾，后又临时卜居于砖塔胡同，最后定居于宫门口西三条，均在西四北、西四南、西四西一带，这样自然而然因离得近，便要多照顾它家了。先生一九三二年十一月间第二次回京探亲，十一月十八日记道：

霁野、静农来，晚维钧来，即同往同和居夜饭，兼士及仲澐已先在。

这也是同和居历史上一次小小的盛会吧，现在只有李霁野老先生还健在，其他各位均已成为文艺学术史上的古人，真是"俯仰之间，已成陈迹"了。

这家饭店的原址现在还在营业，只是原来里面楼上楼下的雅座，都已改为什么办公室、职工更衣室、宿舍、仓库、会计室、工会办公室等等，真正摆座位的地方则越缩越小，与先生当年光顾时的情况相比，早已面目全非。

先生当年工作在西城，居住也在西半城，先西南，后西北，东城是难得去。一般宴饮以南城的为最多，自然主要因当年的著名饭馆，大多集中在南城。东城也有一些，不过先生去的次数是不多的。著名的语丝社的聚餐会，因北京大学中的社员在东城的多，所以经常是在东安市场内一些饭馆中举行，先生也从不参加。在日记中记到去东城参加宴会的次数是很有限的，在这有限的次数中，值得一提的是东兴楼。先生己未（一九一九年）五月二十三日记道：

夜胡适之招饮于东兴楼，同坐十人。

一九二三年二月二十七日记云：

午后胡适之至部，晚同至东安市场一行，又往东兴楼应郁达夫招饮，酒半即归。

东兴楼在北京中等饭庄中是后起之秀，地址在东华门大街路北，正是当年张先培在三义茶店、黄之萌在祥宜坊酒楼扔炸弹炸袁世凯的地方。这里后来因东安市场和王府井的关系，特别热闹起来，也使得东兴楼做了不少年的好生意。东兴楼房舍很宽敞，据说是清宫内御膳房出来的人开的。陈莲痕《京华春梦录》中记载它家的名菜是"清蒸小鸡"，另外它家的拿手菜还有"红油海参""两做鱼"等等，也以宫里的烹调技术相标榜，大概总是和清宫御膳房沾点边吧。

胡适之宴请先生的日子，正是"五四运动"后不到二十天。同座十人，先生未记载姓名，大概总是新青年中的诸公。可惜不能看到其他诸公的日记，互相印证一下。

至于以堂命名的那种大饭庄子，在先生日记中记到的不多，这倒不是先生故意不记，主要是一般的宴饮不在这种店家举行，只有红白喜事，才在这种大饭庄子里办酒。如先生癸丑（一九一三年）十月二十二日记云：

晚至同丰堂就宴，诗荃订婚……

一九二三年十二月十五日记云：

午后往总布胡同燕寿堂观齐寿山结婚礼式，留午饭。

当年这种以"堂"命名的大饭庄子，经营方式非常古板，各应一路生意，只做大的，不做小的，办的酒席，烧的菜，都是大路货，没有什么特色，一般人也不会到这种地方来吃便饭。但也有例外，先生丁巳（一九一七年）七月二十四日记云：

午同张仲素、齐寿山往聚贤堂饭。

　　这一条很有点奇怪。聚贤堂原在西单报子街东口，离教育部不远，范围很大，全部半中半西的老派楼房，后楼一直到旧刑部街（现已全部拆除，变成马路了），是专办喜庆宴会的大饭庄；里面有戏台，可以唱大型堂会戏，北京过去著名老中医蜀人萧龙友老先生，三十年代末，曾在这里办过七十整寿，言菊朋、郝寿臣都是萧翁的知交，都在聚贤堂唱过堂会戏，印过很考究的寿启和息园老人自寿诗。它家还兼营公寓式的旅馆业，楼上房间很多，可以包月居住。但它家从来不营小卖，不卖便饭，不知先生为什么会同张、齐二位到这里来吃午饭。可能谁家在这里办事，先生等来出份子吃饭，日记中未写明吧。

大小番菜馆

在先生所记录的饭馆中，有不少家是番菜馆。北京当时番菜馆的历史并不长。庚子，即一九○○年，义和团运动中，是沾"洋"字的东西，全部都销毁了，连煤油灯都砸了个精光，更不要说其他的洋玩艺了。但没有几个月，侵略者八国联军打进北京，把许多洋玩艺又打了回来。自此以后，也就开出了不少大大小小的番菜馆，什么英法大菜、西米布丁，都成了时髦的玩艺了。近人陈莲痕《京华春梦录》记道：

年来颇有仿效西夷，设置番菜馆者，除北京、东方诸饭店外，尚有撷英、美益等菜馆，及西车站之餐室，其菜品烹制虽异，亦自可口，而所造点饥物，如布丁、凉冻、奶茶等品，偶一食之，芬留齿颊，颇觉耐人寻味。

这记载的正是先生在京时的情况。先生日记中记到的番菜馆大中小都有，其中与先生关系最深的是一家两间门面的小番菜馆——益昌号（繁写作益錩）。癸丑（一九一三年）十一月四日记道：

午同钱稻孙饭于益錩，食牛肉、面包，略饮酒。

从日记看，这是先生第一次去益昌，可能第一次觉得不错，所以二十一日又同钱稻孙、戴芦舲去过。不久，先生又一人去。十二月二十四日记道：

午自至益錩吃饭及点心。

从此以后，便经常到这里来吃午饭，进一步就是在这家小番菜馆中包饭了。甲寅（一九一四年）三月二十六日记云：

> 午与稻孙至益锠午饭，又约定自下星期起，每日往午食，每六日银一元五角。

六天一元五角，即每餐二角五分。过去在海天春包饭，每顿合二角，这里是西餐，比较考究一些，每顿贵五分钱。

先生经常去它家的原因，主要因为是它开在宣内大街上，离教育部近，而且比较干净，价钱也公道。当时番菜馆较少，不管大小，总有点洋派，桌上总是雪白的台布，再摆上亮晶晶的刀叉，菜牌子上还要写两个外国字；所来的客人，大都是知识分子，不像二荤铺之类的饭铺如海天春、西吉庆等人多嘈杂。这种小番菜馆环境较好，便于边吃边谈，边休息，大概菜也做得不错吧。先生和同事们还常常在这里请个小客，如甲寅（一九一四年）十二月十二日记云：

午后邀仲素、寿山、芦舲、季上至益昌饭。

一般用"同"是一齐去吃，各人花各人的钱。用"邀"则是请客矣。没有多久，钱稻孙又在此回请，乙卯（一九一五年）二月十二日记云：

午后饭于益昌，稻孙出资，别有书堂、维忱、阆声、寿山四人……

丙辰（一九一六年）七月二十一日记云：

午与徐吉轩、齐寿山、许季上共宴冀育堂于益昌。

连续几年，先生等人不断地照顾这家小番菜馆，可见益昌号与先生关系之深了。

介于中小型番菜馆之间，有一家很特殊的字号，那就是西火车站京汉路食堂。那时前门的瓮城还没有

前门东车站（约20世纪初）

拆除，早在庚子（一九〇〇年）侵略者八国联军占据北京时，把京汉铁路一直延长到前门西，修个车站，后叫前门西车站；另外京奉路修到前门东，叫前门东车站。去天津、奉天、张家口在东站上下；去保定、石家庄、汉口，或转正太路去太原在西站上下。当时火车上的餐车，归富人包办。北洋时期，交通部的厨房，是十分有名的。京汉路餐车的专利，也是同这些人有关系的厨师包办的。而且那时火车餐车只做头、二等车厢阔人的生意，习惯卖西餐，这样餐车上的承包商为了多做生意，又取得路局、车站等方面的同意，当然要给有关人员不少好处，便在西车站开起了西火车站交通食堂，专卖西餐。大概一因省去一些商业、宴席的捐税，二因随车带来的鸡、鸭、蛋等菜肴便宜，三因掌灶师傅和服务人员都是行家，所以东西好，价钱又便宜，地址又适中，一开张没有多久，便名动京华，食客就趋之若鹜了。前引《京华春梦录》也特别提到这家食堂，把它与"撷英"等大菜馆并列。先生在日记中也多提到这家食堂，己未（一九一九年）三月二十九日记云：

> 晚二弟来部，同往留黎厂，在德古斋买《刘平国开道刻石》二枚，又《元徽墓志》一枚，共券八元。次至前门外西车站饭，同坐陈百年、刘叔雅、朱逖先、沈士远、尹默、刘半农、钱玄同、马幼渔，共十人也。

这次盛会正是"五四"前一个来月，与会的都是当时北京大学国文系的名教授。饮宴中间，谈笑风生中的韵语妙绪，早已响绝人间，渺不可追。与会诸公，十几年前，尚有一二存者，今则都是古人了。这次未记明是何人请客，座中都是大学堂的人，而非教育部的人，而先生又记曰"同坐"，显见先生不是主人，然则主人其为二弟乎？

一九二四年七月先生去西安西北大学暑期讲学，就是在这里吃好晚饭，然后登车出发的。七月七日记云：

> 晚晴。赴西车站晚餐，餐毕登汽车向西安……

先生在这里用的是日文名词："汽车"即火车，"自动车"才是汽车。这家食堂，应该是食堂史中最突出的一例吧，可是不知什么原因，后来脱离西火车站，搬到西长安街、北新华街转角处营业，仍叫原来食堂店名，但生意不好，不久也就无声无息，淹没在历史的长河中了。

大番菜馆"撷英"，先生日记中记到过一次，一九二四年五月二十七日记云："晚赴撷英居，应诗荃

▼ 六国饭店（约20世纪初）

之邀。"先生多写了一个"居"字，实际正名是"撷英
番菜馆"，在前门外廊房头条西头路南，前后左右都是
大金店，是金银珠宝窠中的一家西餐馆。除北京饭店、
六国饭店等外国人开的大饭店而外，以卖番菜论，撷英
是当时北京最大、最著名的了。先生虽然去得不多，
日记中没多记到，但在文章中却大大地提到过它。那
就是女师大风潮中，与杨荫榆大战时，女子大学在撷
英番菜馆宴请过北京教育界名流和女大学生家长，开
过会，报纸上轰动一时，撷英也大出其名。先生曾有

专文论及，并把与会者的名单都开了出来，原文收在《华盖集》中，这里不多征引了。不过这已是五十多年前的旧事，而论战双方的人物，后来也各有转变，据闻杨荫榆氏，抗日战争时期，在苏州死在侵略者的暴行下。

最高级的饭店，先生曾与德国饭店有过来往。一九二六年四月间，先生为躲避北洋军阀的迫害，避居东长安街东安饭店时，曾同齐寿山到德国饭店吃过饭。八月份先生即将离京时，张凤举等人两次在德国饭店宴请先生，八月一日、八日日记均有记录。八日记云：

> 晚幼渔、尹默、凤举在德国饭店饯行，坐中又有兼士及幼渔令郎。

这家饭店，在崇文门里，房子仍在，还是老样子。不过，很少人知道它是德国饭店，更很少人知道先生在此曾经出席过饯别宴会了。

茶楼·名点

先生壬子（一九一二年）五月二十六日记云：

下午同季市、诗荃至观音寺街青云阁啜茗……

同年十二月三十一日记云：

午后同季市至观音寺街购齿磨一、镜一、宁蒙糖一，共银二元。又共啜茗于青云阁，食虾仁面合。

丁巳（一九一七年）十一月十八日记云：

午同二弟往观音寺街买食饵，又至青云阁玉壶春饮茗，食春卷。

这三则日记，又提到青云阁，又提到玉壶春，又提到饮茗，又提到吃点心，这中间是一家还是两家，是吃东西还是喝茶，如不稍加解说，不了解当时情况的人，是很难理解的。周遐寿老人在《补树书屋旧事》中说得清楚："从厂东门（原文误为厂西门）往东走过去，经过一尺大街，便是杨梅竹斜街，那里有青云阁的后门，走到楼上的茶社内坐下，吃茶点代替午饭。"简单地说，青云阁是商场名，玉壶春是茶社名，吃茶又吃点心，吃点心代替吃饭。

北京自从清代末年，新创了不少商场、游艺场，内城的东安市场，前门外的劝业场、青云阁、首善第一楼、新世界、城南游艺园，里面都有既卖茶又卖各种面食点心的茶社。近人陈莲痕《京华春梦录》记茶社情况云：

如劝业场之荔香、玉楼春；第一楼之碧岩轩、畅怀春；宾宴华楼之绿香园（按：原文此处有误，绿香园茶社在青云阁，饭馆中有华宾楼，有宴宾楼。大商场则无"宾宴华楼"之名称）、第一茶社；东安市场之德昌、沁芳、玉泉；青云阁之玉壶春。小轩数楹，位置雅洁，檀楠几椅，鼎彝杂列，夕阳将坠，座客常满，促膝品茗，乐正未艾。茶叶则碧螺、龙井、武彝、香片，客有所命，弥不如欲。佐以瓜粒糖豆，干果小碟，细剥轻嚼，情味俱适。而鸡肉饺、糖油包、炸春卷、水晶糕、一品山药、汤馄饨、三鲜面等，客如见索，亦咄嗟立办。阮囊羞涩者流，利其值贱，多于此鼓腹谋一饱焉。

这就是当时这种茶社的情况。这和北京的老式茶馆，得硕亭《都门竹枝词》注中所说的那种"内城旗员于差使完后，便易便服，约朋友，茶馆闲谈"的茶馆，是完全不同的。第一，房舍、座位考究，茶品齐全。第二，桌上摆果盘，即不管客人要不要，桌上总摆四盘干果，西瓜子、冬瓜条、芝麻糖、玫瑰枣之类，每盘都是一个客人水钱的价钱；如客人喝茶、水钱每份八分，这干果每盘也算八分，吃一盘算一盘，这是茶房的一笔额外生意，盈利归茶房公分，不归柜上。第三，各种面点，十分精致可口，价钱也不贵，一般店家是吃不到的。如先生所记十二月三十一日吃"虾仁面合"，虾仁在北京是比较高级的。乾隆时谢墉《食味杂咏》注中就谈到过当时北京活虾每斤要大钱三四百文，不活而犹鲜者每斤也要大钱二百左右，比江南要贵将近十倍，可见虾在北京之身价了。何况又是十二月三十一日，数九寒天，北京附近水面都已冰冻三尺，哪里还能捞虾？这都是火车上从南方运来的鲜货，自然鲜美珍贵。所以先生记日记时特别记了一笔。日记中凡是记到食物的地方，大部分都是先生吃着可口，心情愉快的情况下记录的。

在这许多市场和茶社中，先生去的次数最多的是青云阁，这倒不是因为青云阁特别好，而是去青云阁最顺路。先生经常徜徉于琉璃厂，由西面来，逛完琉璃厂，正好顺路到青云阁。前面所引周遐寿老人的文字，已经把路线介绍得很清楚，这里再把青云阁的概况略微介绍一下：青云阁是座三层的灰砖楼，前门在观音寺西头，后门在杨梅竹斜街，外表看上去像个仓库，远没有劝业场的建筑神气，但当时生意却很好。近人许愈初《肃肃馆诗集》中有首咏青云阁的诗道："迤逦青云阁，喧腾估客过。珠光争闪烁，骨董几摩挲。栋栋书坊满，家家相士多。居然好风景，堪唱太平歌。"从这诗中，可以想见当年青云阁的情况。鲁迅先生也常在青云阁楼下的小百货店中顺便买些日用品。另外也有不少书铺，衡水人王富晋开的富晋书庄那时就在这里，罗振玉《殷虚书契考释》等书归它家专卖，先生买过它不少书。富晋书庄搬到琉璃厂营业，那已是先生离京之后，三十年代的事了。

青云阁中的茶社最著名的就是玉壶春。后来市面萧条，青云阁在不景气的气氛中关闭后，玉壶春搬到西单商场，专营小饭馆，不知换了东家没有，总之是改弦更张，不再卖茶了。

这种又卖面点又卖茶的广式茶社，进一步发展为又卖菜肴又卖酒的酒楼了。东安市场的中兴茶楼就是这样的，兼营饭馆，可以摆酒席宴请客人。先生平时难得到东城去，只有朋友偶尔请客去一趟。戊午（一九一八年）十二月二十二日记云：

> 星期休息。刘半农邀饮于东安市场中兴茶楼，晚与二弟同往，同席徐悲鸿、钱秣陵、沈士远、君默、钱玄同，十时归。

算是六七点钟上席吧，归时已是十时，这一小聚，快谈三时余，也是尽欢而散了。

这家茶楼，先生有时也省去"茶"字，记作"中兴楼"。一九二四年十一月三十日记云："往真光观电影，与孙伏园同邀王品青、荆有麟、王捷三在中兴楼午饭。"真光离东安市场，近在咫尺，这中兴楼便是中兴茶楼了。近人在一篇《喝茶》的文章中说到茶馆时曾谈道："只可惜近来太是洋场化，失了本意，其结果成为饭馆子之流。"说的正是这种茶馆，这本是上海传来的，本世纪一二十年代，在北京曾风行过一时。

公园·啜茗

各个商场中类似广式的茶社流行了一阵子，消沉了，代之而兴的是公园和北海的茶座。坐过这种茶座的人现在还大有人在。

先生初到北京时，那时还没有什么正式公园，开始筹建公园，也是归教育部社会教育司管。先生壬子（一九一二年）六月十四日记云：

午后与梅君光羲、吴［胡］君玉搢赴天坛及先农坛，审其地可作公园不。

从这则日记中，可见辛亥后北京筹建公园之初的管辖所属。后来北京公园一个个地开办起来，那大多是当时内务部所管辖的。在中央、北海两公园初开时，就招商承办了茶座、饭馆业务，一年比一年兴旺，至一十年代末、二十年代初，就盛极一时了。

先生在北京住了那么些年，游踪所到，去公园的次数很多，而去北海的次数特少。从日记中看，直到先生一九二六年离京时，才因朋友送别宴请的关系，去过两次北海。所以在介绍公园中的茶座和饭馆，也必须先从中央公园说起才行。

中山公园在一九二八年之前叫中央公园，是在清代社稷坛的旧址开辟出来的。原来只有中间的社稷坛五色土，前面的演礼亭，后面的大殿等；建筑物虽不多，但却有最珍贵的上千株几百年的古柏，和紫禁城的风景线。在这个基础上，辟为公园，修了进门后东西两路长廊，西南角的假山，东面的来今雨轩，以及后来增建的唐花坞等。这样风景益臻完美，成为最适中、最紧凑的名园——稷园。董其事并细作规划者，是昔时中国营造学会的负责人贵州朱启钤氏。

先生丙辰（一九一六年）九月十日记云：

　　同三弟往益昌，俟子佩，饭后同赴中央公园，又游武英殿，晚归。

　　这是先生日记中第一次记到去公园，正是初开辟的情况。其后先生每年天暖之后，都要到公园去几次。其中去的次数最多的是一九二四年四、五月间和一九二六年七、八月间。在这些年中，中央公园的茶座、饭馆已经是十分热闹，不但是名动京华，而且是名闻南北了。当时不知有多少人把公园的茶座当作休息、闲谈、看书、写东西、会朋友、洗尘饯别、订婚、结婚宴请客人的好地方。所以不但先生常去，朋友们也常去，在公园茶座上就常常不期而遇地碰到老朋友。如一九二四年四月十三日记云：

　　上午至中央公园四宜轩。遇玄同，遂茗谈至晚归。

这中间没有写明吃饭，但在上午去，一直到晚上才回来，那两餐饭自然是在茶座上吃的了。

同年五月十一日记云：

> 往晨报馆访孙伏园，坐至下午，同往公园啜茗，遇邓以蛰、李宗武诸君，谈良久，逮夜乃归。

这也是在茶座上遇到朋友，啜茗快谈，逮夜乃归，这中间自然也要吃晚饭，自然也是在茶座上吃了。照南方人说法，当然不一定是吃"饭"，包子代"饭"，汤面代"饭"，吃些点心，也是能饱肚皮的；目的是流连名园夜色，好友快谈，吃什么东西是不在乎的；何况当时公园各茶座上，面食点心，样样都不错呢。

一九二六年七、八月间，在先生即将离开北京之际，与齐寿山先生合译《小约翰》，也就是在公园茶座上完成的。该书《引言》中引《马上支日记》道：

> 到中央公园，径向约定的一个僻静处所，寿

山已先到，略一休息，便开手对译《小约翰》。

一九二六年七月六日记云：

下午往中央公园，与齐寿山开始译书。

八月十三日记云：

往公园译《小约翰》毕，寿山约往来今雨轩晚餐，同坐有芦骀、季市。

在这一个多月中，先生基本上每天下午到公园去，在一个僻静的茶座上译书。地点虽未写明，但想象中可能是四宜轩吧。在西南角上，背山临水，大路上根本看不见，顺长廊或柏树林走过来的人不会经过这里，是十分僻静的。虽然是小茶座，但照样有茶可喝，有藤椅可坐，真是最理想的写作环境了。但它家不卖菜肴，不能请客吃饭，所以又到来今雨轩晚餐。在所有的茶座中，最高级的，菜烧得最精美的，就数着这个

"旧雨不来今雨来"的来今雨轩了。那块黑地金字大匾是徐世昌写的。徐宣统时任东三省总督、邮传部尚书，为洪宪皇帝袁世凯的"嵩山四友"的第一名，北洋军阀的第四名大总统。

▶ 鲁迅设计的《小约翰》封面

先生离京南下时，正是夏末秋初，是中央、北海两公园茶座的黄金季节，所以除齐寿山的饯别是在公园举行的外，其他还有不少人在茶座上给先生饯别。

八月七日记云：

　　晚紫佩、仲侃、秋芳在长美轩饯行，坐中又有紫佩之子舒及陶君。

八月二十一日记云：

　　午赴中央公园来今雨轩应季市午餐之约，同席云章、晶卿、广平、淑卿、寿山、诗英。

　　这都是在中央公园为先生饯行的。另外有两次是在北海举行的。八月三日记云：

　　得丛芜函约在北海公园茶话，晚赴之，坐中有李［朱］寿恒女士、许广平女士、常维钧、赵少侯及素园。

八月九日记云：

上午得黄鹏基、石珉、仲芸、有麟信，约今晚在漪澜堂饯行。……晚赴漪澜堂。

先生从此去矣，在中央、北海两公园的茶座上为先生举行的饯别盛会亦尽于此矣。来今雨轩外古槐荫中的蝉声，漪澜堂白玉栏杆外的波影，应该长共先生的音容，留在人们的记忆中吧！迨到一九二九年春暖花开之时，先生回京探亲，在公园长美轩参加李秉中的婚礼、张凤举的宴会，那已是匆匆过客，转瞬即逝矣。

茶座风光

中央公园当时茶座可分东西两路。东面来今雨轩，现在还在，昔日曾执茶座的牛耳。菜好、点心好，自成一范围，绿油栏杆外是牡丹畦，大铁罩棚边是百年古槐，闪烁在夕阳中的画栋雕梁，远衬蓝天，近映红墙，是看花、听蝉、纳凉、夜话的最好的茶座。最著名的点心是肉末烧饼、冬菜包子、火腿包子。先生一九二四年四月八日记云："往中央公园小步，买火腿包子卅枚而归。"不用问，自然是在来今雨轩买的了。

西面，四宜轩在水榭和假山之间，地方较小，但是人少，最为安静，有个时期，是下围棋的棋客集中的地方。但因它远离大路，地址僻静，生意自然清淡，

▼ 北海公园（约1930年）

没有多少年，就关张了。

　　生意最好，还是西面大路边的几家。从南往北，依次而数，是"春明馆、长美轩、集士林、柏斯馨"，先生几次饮宴的长美轩，就在这里。所有茶桌，都摆在老柏树荫中，一色人造大理石的桌面，大藤椅子，桌子宽大，四张椅子很宽绰；人多时，可以加椅子，拼桌子，几十人开茶话会、举行婚礼、接待亲友都可以。柏树下面，都吊着高支光的电灯，入夜灯火辉煌，衣光鬓影。晚上七八点钟才是上人的时候，生意一直做到晚十点多钟。这些铺子，靠西房子中也都有座位，但那只在冬天寒冷时，或摆圆台面时才有人坐，夏天则全是露天营业的。好在西面屋前都搭有大天棚，即使下点雨，也不要紧。这里的生意全靠四月以后，十月以前，等到旧历十月小阳春一过，西北风一起，那就意兴阑珊，游人稀少，春明花月，又待来年了。

　　这些露天茶座，由南到北，在柏树荫中，逶迤成一大片，生人是分不清谁家和谁家的，只有常来的熟人才知道。各家的熟客也是分开的，各家有各家的一路生意。大体上春明馆都是一些老先生，大厅正面墙上挂着一副集"泰山石经"的六言联"名园别有天地；老树不知岁时"，便充满了老气横秋的样子。再过去是长美轩，名点是三鲜蒸饺、鸡丝面等，整桌的菜和零星小卖都很地道，顾客中学界的人最多，朋友小聚也多在这里。再往北集士林、柏斯馨，则都是西式的茶点社，以卖冷饮汽水、樱桃水、冰激凌及西菜为主，照顾者则多是青年男女了。

北海的茶座分南面琼华岛和北岸一带。琼岛的茶座，进门过堆云、积翠牌坊，首先就是"双虹榭"，面对金鳌、玉蝀桥和堆云、积翠桥。这房子是后盖的，匾是藏书家蜀人傅增湘写的，并有跋。山顶白塔边是"揽翠轩"。岛北面东是"漪澜堂"，西是"道宁斋"，这两家当年是北海茶座的两张王牌。岛西"三希堂"下，还有一家小茶社，字号不为人所注意。北岸最西是"五龙亭"，靠游船码头，与漪澜堂隔水相望，茶客最多。东面是"仿膳"，是仿照御膳房的名厨。再往东，折而南，濠濮涧内幽静的房舍中，还有一家小茶室。

▶ 北海公园五龙亭茶座（约20世纪初）

友人们给鲁迅先生饯行的地方就是琼华岛北波光潋滟的"漪澜堂"。这里和"道宁斋"连在一起，茶座一律摆在白石栏杆边上和走廊上的栏杆间，靠石栏的桌子三面坐人，北望湖水、游船、五龙亭、小西天，一派金碧辉煌。因为面对西北，夏天西晒很厉害，所以不但高搭天棚，而且用蓝布制成遮阳，按长廊弧度，像船舶张帆一样，一格格挂起来，挡住骄阳。遮阳下波光粼粼，燕子穿梭般地飞来飞去。船码头下，锦缆系着当年老佛爷那拉氏的大小龙舟，任游人指点谈论，笑声喧阗，桨声杂乱，茶座上的茶客也谈笑风生，和公园茶座相比，则又是一番天地矣。

"漪澜堂"的点心也是以仿清宫御膳房著名的，出名的是"小窝窝头"，是所谓"栗子面"蒸的。这种面是北长街山东海阳人开的、专做清宫生意的"泰来粮店"磨的，成本原本有限，而卖价却很可观。说实在，倒是他家的冰镇的"豌豆黄"，《燕都小食品杂咏》所谓"十文一块买黄琼"，端上来后乍一看真像一块块的"田黄"图章一样，而吃起来又凉、又甜、又香、又糯，入口即化，似乎真是得了"大内"的秘方。

清末徐珂《清稗类钞》中说："京师茶馆，列长案，茶叶与水之资，须分计之，有提壶以往者，可自备茶叶，出钱买水而已。"所有公园的茶座，虽不像老式茶馆列长案，但也是茶叶与水资分别计算。茶座喝茶，每位八分，茶叶另算。茶叶都是一小包、一小包包好的，这种情况在南方是没有的。北京茶叶铺卖茶叶，不管你买几斤，都能给你包成小包，即一两五包，一斤八十包。茶座沏茶一般五分一包的茶叶，就是四元一斤的香片，在当时这已经是相当高级的了。茶房把茶沏好，端上来，照例把包茶叶的小纸折成三角锥形，插在壶嘴上，一方面保持壶嘴清洁，一方面表示茶叶无误。至于那些茶叶纸上的字号，自然都是什么"东鸿记""西鸿记""张一元""吴德泰"几家大栅栏著名的大茶叶铺了。

▶ 中央公园的茶座（约1940年）

每个茶桌照例四盘压桌干果，每盘价格等于一个人的水钱，吃一盘算一盘，收入归所有茶房公柜。营业时间不限制，你上午沏一壶茶可以吃到晚上落灯；喝到一半，又到别处去散步，或去吃饭，茶座仍给你保留。所以鲁迅先生上午到公园喝茶，遇见朋友，能够一谈就谈到晚上，比在家里招待客人方便。老朋友谈累了，在椅子上睡一觉也可以。南柯一觉，午梦初回，斜阳在树，鸣蝉噪耳，请茶房换包茶叶重沏一壶新茶，吃上一碗，遍体生津。串茶座的报贩，默默无声地把一叠报放在你桌上，随你翻阅，看过后，在报上放一两个铜元，他等一会儿过来又不声不响地拿走。这就是先生当年公园啜茗的茶座风光，也是中山、北海两公园茶座的鼎盛时代。

堂会和请帖

由"和记"说到公园和北海的"长美轩""漪澜堂"等等，对于先生所记录的饭馆，大部分都介绍到了，所缺者，还有一家"石田料理店"。一九二五年九月十七日记云：

> 往石田料理店应峰簇良充君之招饮，座中有伊藤武雄、立田清辰、重光葵、朱造五及季市。

这是一次日本人宴请先生的小型宴会，陪客中也大都是日本人。其中的重光葵，"九一八"后，在上海虹口公园被朝鲜义民炸断过一条腿，第二次战后，在阿米苏里战舰上递投降书的就是他。料理店是日文名称，西餐叫西洋料理，日本菜叫东洋料理，料理就是烹饪的意思。这纯粹是日本人开的日本式饭馆，喝的是日本清酒或太阳啤酒。当时这种料理店都开在东单苏州胡同一带。先生在日本生活过多年，这种纯日本风格的招待，先生自是能够接受的。

料理店虽非一家，而先生所记到的则只此一家，略作介绍，能够说明问题便可以了。需要多说几句的，则是另一种情况，即不到饭馆中去，在自己家中或在大的公共场所如会馆之类的请客情况，这在当时行话叫作"堂会"，饭庄派人去应这种生意叫作"走堂会"。

有时别人请先生到家中坐席饮宴，如甲寅（一九一四年）四月三十日记云：

晚徐吉轩招饮于其寓，同席者齐寿山、王屏华、常毅箴、钱稻孙、戴螺舲、许季上。

后来先生也在家中设宴请友人，一九二〇年三月十四日记云：

> 午宴同乡同事之于买宅时赠物者，共二席，
> 十五人。

这都是在家中设席宴请客人的记录。当时北京大
小饭馆，都管外送，小到提着食盒给你送一盒炒饼、
一碗豆腐汤，三四十个铜元的生意，大到几桌酒席，
挑了大圆笼、行灶到你家中来现烧，结算下来几十块
银元。贵贱虽大有悬殊，但送到家中的原则却是一样。
那时先生的同事、朋友之间，在北京有家的，能独住
在一所四合院子的人家是不少的，在家中设席宴请是
有条件的。如先生所记徐吉轩及先生自己请客情况，
虽未记明是用谁家的菜，但是用饭庄子的菜则是肯定
的。寓所都离西四不远，很可能都是用同和居的菜吧，
这是前三四天就定好了的。晚上六七点钟上席，下午
三四点钟饭庄子的伙计就挑着大圆笼来了。假如主人
家的厨房有高灶可用，那最方便，挑开火就可上灶烹
炒。如果只有小煤球炉子，那就还要把行灶挑去，临

时生火。圆笼中台面家具酱油碟、羹匙、筷子等都已用雪白的桌布包好，到时往圆桌面上一摊，样样都齐全了。菜肴之中，冷荤都已摆好盘，往上一端就可以了。热炒都已切好、拼好、配好，该开水焯的已焯过，该热油拉的已拉过了，只要一下炒瓢，旺火一翻身就可上桌。至于最后的几道大菜，当然更是早已烧好，一回锅就行了。这就是当时饭庄子"走堂会"的情况。那时北京的中等饭庄子，如广和居、同和居、东兴楼之类，除去门市生意而外，外送酒席是很大的一笔生意，每天都有，城里的所谓"大宅门"，三天两头是有这种饭局的。当然这只是一桌、两桌的小饭局；如果红白喜事，娶亲过寿的大局面，那情况就两样了。这种事如果不在大饭庄子像什么福寿堂、惠丰堂等店家办，而另外找地方，那就要找专门包大批酒席的店家或厨行来包。《燕市积弊》中说："人间如有喜庆宴会，以及红白大事，都得用酒席，所用的酒席，分为两种：一是庄眼儿，一是散包儿。"所谓"庄眼儿"，就是有字号的饭庄子包办；所谓"散包儿"，就是厨行中的私人来包办。当时人们常常借会馆来办事，这是自清代以来的传统。嘉道时杨懋建的《京尘杂录》内云："宣武门外大街南行近菜市口有财神会馆，少东铁门有文昌会馆，皆为宴集之所。"鲁迅先生在京时期，有名的办大堂会的会馆是虎坊桥的湖广会馆、浙绍乡祠，宣武门大街的江西会馆等。先生日记中就记着当时师大国文系教授高步瀛（阆仙）为母亲在江西会馆办八十整寿，先生去祝寿的事。这种情况，就必须预先找人包办寿宴了。

当时正式宴会，都要预先发请客帖子，谚语道："三日为请，两日为叫，当天为提来。"所以帖子要在三日前发出，不然便为失礼。先生一九二〇年三月十四日宴请买八道湾住宅时送礼的同乡、同事，帖子便是前好几天发出去的。三月九日记云：

上午发邀客帖子。

这就是在五天之前，就把帖子发出去了。这种帖子都是纸店印的现成的。如果在饭庄中请客，饭庄自有印好店名的请帖，你只要把客人名单、地址开给它，它自然会把帖子给你按时送到，决不误事。在家中请，自己就要向纸店买好空白帖子，填好日期、地址、姓名，按时发出去。如果红白喜事，发的帖子多，那还可以向小印刷所去订印。同治《都门纪略》引《都门杂咏》云："台光红帖印千张，喜网拉来如许长。夜半起来看天色，盼晴早到汇元堂。"这是清代的情况，后来到民初，也基本上与此相同。就是发帖子拉网，目的想多收份子，把办红白喜事当作做生意了。只是"台光"二字，是请帖的专门词语，有人看来可能很生疏了，不妨把那昔年帖子的格式写一个在后面：

　　　　谨订于某月某日×午×时，假座本宅，洁樽

恭候

台光

　　　　　　　　　某××□□谨订

　　地址：某街某巷××号

　　如果是在饭庄子中请，那"假座本宅"就可改为

"假座某某楼饭庄"；如果是请全家，那"台光"二字就改为"阖第光临"。请帖上不写被请人姓名，帖子外面还有封套，被请人姓名写在封套上。

为了表示对客人的尊敬，在请帖以外有的还要附一份"知单"，将所请客人的姓名，一一开列在"知单"上面，以便客人知道被请的还有什么人。被请的人，要在"知单"上签名，表示会去。签名的方法是在自己的姓名下面写一"知"字或"敬陪"二字。如被请的人年龄、地位大多高于自己，则应签"敬陪末座"四字，以示礼貌。

旨酒嘉肴和冰

　　北京有那么些家数不清的大小饭馆，有上百年的老字号，有名闻全国的名酒家，有秘方精制的名肴、名点，这些之所以能够保存下来，要有不少条件。如四川菜是很有名气的，但四川离海远，新鲜海货就吃不到，昔时有名的成都酒家姑姑筵、者者居，如果要个炒蟹粉、松鼠黄鱼，就无法供应了。再如广东菜是很有名的，但那时科学不发达，炎暑天气，要点冰就办不到。古语说"夏虫不可以语冰"，在北京则是夏虫也可以语冰的。这些都是开饭馆的重要条件，有与没有，是大不一样的。近人邓之诚《骨董琐记》记云：

京师人烟繁密，号称百二十万。日食猪六百头，羊八千头，年节则倍之。鱼虾皆来自津沽，过一日即腐臭，而价特昂，售者渥之以冰，故冰之用周四时。蔬菜、瓜茄、菘菔之类，每日自关乡入城者，小车相属于道，丁巳、庚申，两次之变，九门昼闭，居民不得蔬食。平时园丁皆能移植，四方名蔬异种，春初焙火坑，种瓜茄，故昂价十倍，富人争购之。说部称岁除日一王瓜值五十金，非过论也。

这段文字把昔时北京的供应情况记录得很全面，所谓巧媳妇烧不出没有米的饭，材料供应充沛，与饭馆的好坏是大有关系的。北京土质好，种菜技术好，各种蔬菜都能生长，冬天又有洞子货，黄瓜、豆角都能四时供应，所以饭馆里讲究用新鲜蔬菜。北京又有一定面积的水面，可种菱藕莲芡之类的水生植物，及时供应鲜货，而且比南方的好。富察敦崇《燕京岁时记》云："七月中旬，则菱芡已登，沿街吆卖曰：'老鸡头，才下河。'盖皆御河中物也。"魏元旷《都门琐记》

云："藕本南方物，远逊于北，清脆甘润，了无渣滓，席中与鲜核桃、莲子、菱米，同入冰碗。"有这样条件，所以饭馆又讲究冰盘、冰碗、鲜莲子粥、鲜核桃酪等。

北京离海不远，离天津、白洋淀、胜芳，都很近，郊区、市区又有水面，所以咸水、淡水各种鱼鼋虾蟹，供应十分及时。清初《燕京杂记》云："京师最重活鱼，鲩鱼一斤值钱三四百，至小鲫及乌鱼、黄鳝之类，虽活亦贱，其价有下于南方者。"严缁生《忆京都词》注云："京都虽陆地，而多谙陶朱种鱼术，故鱼多肥美，不徒恃津门来也。酒肆烹鲜，先以生者视客，即掷毙之，以示不窃更。肆中善烹小鲜者，可得厚俸，谓之'掌勺'。故人争趋焉，南中无此妙手也。"有鱼，又有名掌勺，所以昔时著名的酒家都有拿手的"鱼"。魏元旷《都门琐记》记清末各饭馆名菜时曾云："鱼之做法最多。"所谓滦河鲫、宝邸银鱼，早在王渔洋时代就有"滦鲫黄羊满玉盘"的名句，亦可见北京酒肆烧鱼的渊源了，南方各地也是很难媲美的。

有鱼，自然还有虾、有蟹。关于虾，在前面说到先生在青云阁中茶楼饮茗吃虾仁面合时已谈过，兹不再赘。关于蟹，清末署名忧患生所著《京华百二竹枝词》注道："六七月间，满街卖蟹，新肥而价廉，八月渐稀，待到重阳，几几乎物色不得矣。"先生甲寅（一九一四年）九月十九日记云："夜食蟹。"这年十月四日中秋，九月十九日正好还是旧历七月底。乙卯（一九一五年）九月十日记云：

晚齐寿山邀至其家食蟹，有张仲素、徐吉轩、戴芦舲、许季上，大饮啖，剧谭……

这次先生吃得非常痛快。这年九月二十三日中秋，九月十日是旧历八月初二。这吃蟹的日期都符合"竹枝词注"所记。严缁生《忆京都词》注云："都中蟹出最早，往往夏日已有，故余诗有'持螯北地翻佳话，却对荷花背菊花'。然赏菊时亦间有之，特不多耳。"这记载都是一致的，都可见北京的蟹肥得很早，这与吴门阳澄湖的金毛大蟹，不到经霜不肥，是大不相同的。北京最好的螃蟹出在天津附近的胜芳镇，高粱地边上的最肥。北京当时肉市正阳楼饭庄，就是以卖螃蟹名著京华的，可惜鲁迅先生没有在它家宴饮过。

至于鸡、鸭、野味，那就更不稀奇了。油鸡、填鸭，都是全国闻名的。《都门琐记》云："北方善填鸭，有至八九斤者。席中必以全鸭为主菜，著名为便宜坊，烩鸭腰必便宜坊始真，宰鸭独多故也。"昔时北京好多鸡鸭店都叫便宜坊，但真正便宜坊饭庄则在前门外肉市。先生日记中记到好多次便宜坊，如壬子（一九一二年）九月八日记云："晚稻孙招饮于便宜坊，坐中有季市与汪曙霞及其兄。"乙卯（一九一五年）正月三十日记云："晚徐吉轩招饮于便宜坊，共十三人，皆社会教育司员。"虽然未记明吃烤鸭，但可想见是吃鸭子的了。

猪羊牛肉、鸡鸭、鱼虾蟹、蔬菜、水鲜等等，都是大小饭馆的重要物质材料，但是全要新鲜，冬天好办，夏天天气一热，稍一变质，就是再高明的一级名厨，也烧不出好菜来了。所以还要有一样最重要的东西，那就是出处最不值钱而缺处决无法购买的冰。这在科学不发达的时代，炎热地区是无法可想，而北京则是取之不尽、用之不竭的。《燕京岁时记》云："冬至三九则冰坚，于夜内凿之，声如錾石，曰打冰。"曼殊震钧《天咫偶闻》又云："都城内外，如地安门外、火神庙后、德胜门外西、阜成门外北、宣武门外西、崇文门外东、朝阳门外南，皆有冰窖。以岁十二月藏冰，来岁入伏颁冰。"《春明采风志》又云："三九冰坚，各处修窖存冰，以铁锥打冰，广尺许，长二尺许，谓之一方。"以上所引三则资料，较全面记录了昔时北京藏冰的情况。这些冰窖，到了夏天，按日把冰送给用户，

▶ 夏季运输冰块（1913年）

尤其是各大饭庄，一年到头是离不开冰的。冬天也要有冰箱贮藏鱼虾鲜货，至于热天，那就更不用说了。

徐珂《清稗类钞》云："京师夏日之宴客，饤盘既设，先进冰果，冰果者，为鲜核桃、鲜藕、鲜菱、鲜莲子之类，杂置小冰块于中，其凉彻齿而沁心也。此后则继以热荤四盘。"阴历七月，正是北京最热的时候，壬子（一九一二年）七月间，先生在广和居宴饮过四次，便宜坊宴饮过一次。我们遐想一下吧：广和居的精致的院子中，搭着两丈多高的大天棚，院子里大方砖扫得干干净净，喷壶喷得湿浸浸的，天棚柱子边大型绿油冰箱中放着像条石一样的大块冰，自然散出凉阴阴的冷气。所谓"小屋垂帘，分曹而饮，曰雅座"。各个雅座，窗上都糊着翠绿的冷布，门上都挂着细竹帘子，又恬静，又爽快，又清凉。先生和朋友们，吃着冰碗，稍微喝上一小杯茵陈酒，微醺之后，挥洒高谈，如此风光，应在后人的思念之中吧？这时古老的广和居的清凉世界，不会因为没有空气调节器或电扇而减色吧？

酒肆沧桑

古语说："沧海桑田，陵谷变迁。"俗话说："三十年河东，三十年河西。"照过去说，饭馆不论大小，都是一个买卖，经营得法，时间长些，经营不善，时间短些。客观条件允许，多存在一个时期；客观条件不允许，没有多少年便完了。这也就是饭馆的沧桑变化。其间可能有几家字号，或因当时的盛名，或因名家的笔墨，记入史册，流传异代，如宋朝汴京的"樊楼"、武林的"太和园"等等，但这毕竟如九牛之一毛，与湮没无闻的相比，那是不成比例的了。鲁迅先生在北京各饭馆饮宴的时候，正是本世纪一二十年代，去今不过六七十年，而这中间，就饭馆来说，变化也是十分大的。那时的饭馆，到现在，可以说是百不存一，即使有一二家存者，也是面目全非。其间兴替，不要说和现在比，即使就先生初到北京和先生离京前相比，也是有不少变化的。大体一是地区的变化，二是物价的变化，三是风气的变化。

先生初到北京那几年，正是民国初年，南城最热闹的时候。当时各大饭庄，著名酒家，几乎都集中在前门外，较早都在鲜鱼口、肉市一带。道光《都门纪

▼ 猪市（约1918年）

略》说："肉市酒楼饭馆，张灯列烛，猜拳行令，夜夜元宵，非他处所可及也。"《京都竹枝词》"肉市"条所咏"高楼一带酒帘挑，笋鸭肥猪须现烧"，正是纪实之作。这是清代同光之前的情况。鲁迅先生初至京时，距此时已有六七十年，肉市虽然仍多名酒家，但更多的名店则集中在前门以西了。如先生日记所录：致美斋在煤市街，厚德福在大栅栏，醉琼林在陕西巷，中华饭庄在陕西巷，杏花春在韩家潭，新丰楼在香厂，澄园在香厂。真是京华名酒家，在南城偏西一带，占尽半壁山河。但到了二十年代以后，情况又渐渐变化，南城城南游艺园、新世界、香厂一带，相继冷落，饭馆生意，一落千丈，而生意渐渐转向内城东安市场、王府井、西长安街一带，新开饭庄也如雨后春笋。先生一九二六年三月九日记云：

午季市招饮于西安饭店，同席有语堂、湘生、幼渔。

同年五月十日记云：

午后得语堂信招饮于大陆春⋯⋯

　　这便都是开在西长安街的饭庄了。其中"大陆春"就是有名的"八大春"之一。当时由西单十字路口往东到六部口，短短的不过一里来长的西长安街，就有大陆春、新陆春、春园、同春园、淮阳春、庆林春、忠信堂、五族饭店、西来顺、西黔阳、西安饭店、长安食堂十二三家饭庄子，还不算夹在这些饭庄子中间的二荤铺、小饭馆。亦可见当时长安道上的酒家之盛了。

　　物价变化和社会风气影响饭馆的盛衰，这是自来就如此的。《天咫偶闻》上记载：顺治之初，一席之费至于一金，御史已言风俗之侈。但到光绪时，一筵之费，已贵到十金。"寻常客至，仓卒作主人，亦非一金上下不办，人奢物贵，两兼之矣。"这就是感叹市风越来越侈奢，东西越来越贵。

　　鲁迅先生在京时期，日常小饭馆便饭的价格，日记中均有记载：中餐约二角，西餐二角五。酒席的价格日记中没有记，据有关资料记载，那时一般一桌鸭翅席，即主菜有一只全鸭、一个翅羹，价格约在八元到十五元之间。如果再加酒饭及车饭钱（照例洋车包车二角，汽车司机一元），总在二十元左右。这就相当于一百份中餐便饭的价格。先生《集外集拾遗》中《一个"罪犯"的自述》一文内曾有"一千四百三十七斤。（原注：中华民国六年卖白面）算一算。五十二元七毛"几句，照此计算，当时面粉不过四分左右一斤。一桌普通酒席，全部开支，要等于五百斤面粉的价格；如只算菜，则也合到二百斤面粉的价格。看钱数似乎不多，按实物折合，价钱也不少了。不过鲁迅先生和朋友、同事们的日常饮宴，大部分是三五个人小聚的次数多，这自然无须乎定整桌的酒席，而只要零点几样菜就可以，价钱也自然要便宜多了。《京尘杂录》注云："小屋垂帘，分曹而饮，曰雅座；肥甘蔬笋，选味而尝，曰小卖，酒庄、酒馆皆然。"民生凋敝，物价飞涨，市面钱紧，生意清淡，开大小饭馆的人，不得不动足脑筋，变些花样，在风雨飘摇之中，谋子母什一之利。比如便宜坊的烤鸭，最早都是卖整桌的菜，后来便卖单只的鸭子，再后来便卖零星小盘鸭肉，一直到最后零星小盘也卖不出去，或无鸭可卖的时候，那便只好一家家地相继关张了。这便是旧日北京饭馆的沧桑史。各家的衰落情况虽然不完全一样，但总的趋势则都是一致的。

别了，广和居；别了，先生！

当年北京的大小饭庄、饭馆、二荤铺、切面铺，城里城外，总不下一两万家，而先生日记中所记，则不过六十多家。虽不说是太仓之粟，但也不过约三百分之一而已。如只就数目来谈，原本也没有什么值得多说的。所可贵者，是数目虽少，体例具备，各种类型的代表都有几家，所以使我们有话可说，有如写昔时北京"饭馆志"了。更可贵者，是这些字号都曾留下过先生的足迹，都曾回响过先生的语音，而且还有先生的战友、朋友同路人的足迹，说得再抽象一些，也可以说曾经留下过中国文化思想界先驱者的战斗史绩吧。这样，这些饭馆就有了它的历史意义了。惟其如此，把它用文字介绍一下，使异代的人，能够通过文字的媒介，了解一些当时生活中的背景，能更亲切地缅怀先生的生活史实，应该说，也是有一定意义的。至于说，能够一鳞半爪地记录一点旧日北京的掌故，留下一点市廛的资料，那倒是次要的了。

鲁迅先生离开北京之后，于一九三二年十一月第二次回北京探亲，在京住了没有多少天，于十一月二十八日就匆匆登车返沪。二十七日，章矛尘请先生吃晚饭，为先生饯行，这天日记记道：

> 矛尘来邀往广和饭店夜饭，座中为郑石君、矛尘及其夫人等，共四人。

这是先生最后一次在北京的酒肆中饮宴了。日记中记作"广和饭店"，按，北京过去只有"广和居饭庄"，历来没有知名的"广和饭店"；而"饭店"一词，在那时是新名词，经营新式旅馆业的，又有餐厅卖酒饭的才叫"饭店"，一般饭馆从无单叫"饭店"的，这个"广和饭店"该是"广和居"之偶然笔误吧。先生壬子（一九一二年）五月五日到北京，六日搬到绍兴会馆，七日晚就在广和居小酌，日记云："夜饮于广和居。"这是先生到北京后第一次在饭馆中小饮。先生后来住在城里，去"广和居"的次数少了。一九二四年六月三十日记云："午访孙伏园，遇玄同，遂同至广和居午餐。"根据日记所记，这是先生在北京居住时最后一次去"广和居"。由第一次在"广和居"小饮，到章矛尘为先生饯别时，为时已二十年又六个月矣。先生昔年不知去过多少次"广和居"，若干年之后，又到这个百年老店来小宴，其间一晃已是二十多年。后来再去"广和居"的人，几人能有黄公酒垆之思呢？而若干年后，则一并连"广和居"也没有了，一切都已成为历史上的云烟。但就在这点历史的云烟中，曾经有过一条僻处宣南的普通胡同，一所古老的北京式的大院子，开过一家著名的饭庄，有过一位给时代留下巨大影响的人，在这家饭庄进出过，饮宴过，谈笑过。曾作为一个初到北京的异乡口音的官吏，在这古老的酒肆中，自斟自饮，享用过他到北京后的第一次小

鲁迅（1925年　摄于北京）

酌；也曾作为一个别离多年的老主顾，旧地重游，在问候寒暄中，举杯小饮，吃过离开北京的最后一杯饯别酒，这不又都是当年活生生的历史真实吗？这中间不是存在着活的先生的生活形象吗？

"广和居"是没有了，但那老屋子，可能还在北半截胡同，过往行人，是否有风景不殊之感呢？如果有条件，把"广和居"这样的老字号恢复起来，不惟保存一个宣南古迹，而且能够使后人在更具体、更典型的环境中，缅怀一下先生当年的音容笑貌，景仰仪型的意义，应是十分重大的吧！

名胜散记

逛万生园

鲁迅先生民国元年，即一九一二年五月五日到北京，很快就游览了"万生园"。壬子（一九一二年）五月十九日记云：

与恂士、季市游万生园。

民国五年秋天，周建人先生来北京，先生特地陪他去游万生园。丙辰（一九一六年）九月十七日记云：

星期休息。……同三弟游万生园。下午微雨。晚买蒲陶二斤归。

以后两次去游更热闹了。己未（一九一九年）十月十九日记云：

> 晴。星期休息。上午同重君、二弟、二弟妇及丰、谧、蒙乘马车同游农事试验场，至下午归，并顺道视八道弯宅。

这则日记记明是乘马车去的。这是有玻璃窗的，内分正座、侧座，可坐四个人的马车。这里正好四个大人，丰、谧、蒙是三个孩子，最大的丰（即周丰一先生）当时大约不过七八岁，肯定是都坐在大人身边或怀里了。此后先生迁入到八道湾的新房子中，鲁老太太来京之后，又陪老太太游了一次。一九二〇年四月二十五日记云：

> 晴。星期休息。午后同母亲、二弟及丰游三贝子园。

这四则日记所记，游的都是一个地方，而地名却不一样，这个如果给几十年前的北京人看，自然不成问题，现在的北京人就要产生疑问了，何况外地的人和将来的人呢。其实这三处是一个地方的不同时期的名称。从历史上说，这里原来包括"三贝子花园"的旧址，其后在这里营建了万生园，又叫"万牲园"，其后又改称"农事试验场"，后来又改名为"中央农事试验场"，实际都是一个地方，就是现在的北京动物园。

几十年前，这个地方，虽然一再改换名称，但老北京习惯上还叫它"三贝子花园"。"贝子"是满语"固山贝子"的简称，亲王、郡王之子有的封作"贝勒"，"贝勒"之子得封为"贝子"。所谓"三贝子"就是行三的"贝子"。这个贝子是谁呢？据传就是清代异姓郡王衔忠锐嘉勇贝子富察福康安。曼殊震钧《天咫偶闻》记光绪末叶西直门外情况云：

> 西直门而西北，有如山阴道上，应接不暇。去城最近者，为高粱桥，明代最盛。清明踏青，多在此地。今则建倚虹堂船坞，御驾（指西太后那拉

氏）幸园，于此登舟。沿河高楼多茶肆，夏日游人

多有至者，而无复踏青之俗矣。南岸乐善园久毁，

近又以墙围之。再西则为可园，俗称三贝子花园，

今亦改为御园。

从震钧的记载中，可以知道当年的情况。原来出

西直门去万寿山的大路是出西直门，走关厢，不远，

折西北，到高梁桥，过桥去海淀。桥西北岸是倚虹堂

船坞，是停泊那拉氏御船的地方，南岸先是顺治时礼

▼ 御船（约20世纪初）

烈亲王代善的别墅乐善园，即震钧所谓"久毁"者，似乎就是现在北京展览馆的旧址。再过去是可园，其间还有两座庙，即广善寺、惠安寺。光绪二十几年，慈禧太后那拉氏拨"胭脂银"二百五十万两，营建此园，即震钧所说的"御园"，但是没有园名。据说作为三贝子花园时名"环溪别墅"，而震钧记载中则为"可园"，震钧之书成于光绪二十九年，即此营建之初，所记园名，自是可信的。

光绪三十二年（一九○六）七月，清朝派往东西洋各国考察政治的大臣载泽、戴鸿慈、端方等人回到北京，为了讨好那拉氏，从外国买了一些老虎、狮子、斑马等动物带了回来，便放在这里，这便成了最早的动物园，取名"万牲园"。光绪三十三年（一九○七），那拉氏曾来过一次，金梁《清宫史略》记云：

光绪三十三年，皇太后临幸万生园。

园中建筑物有畅观楼、鬯春堂、豳风堂、来远楼、荟芳轩、松风萝月亭等。畅观楼就是为了那拉氏"临幸"建筑的西式二层楼，楼上作为她的寝宫。当时特别引起人们，尤其是儿童们兴趣的，是两面特大哈哈穿衣镜，分设在楼下大厅的左右两侧，一个照人细长，一个照人矮胖，和过去上海大世界的哈哈镜一样，这可能也是载泽他们孝敬老佛爷的洋玩艺儿。这对大紫檀底座的哈哈穿衣镜，直到三十年代末，还在那里摆着。鲁迅先生带丰、谧、蒙等孩子们游览时，想来是都照过的了。如果问周丰一先生，一定会记得当时的情况。可惜鲁迅先生日记很简略，当时的具体情景，只能托诸想象了。

畅观楼的南面是鬯春堂，是一所掩映在林木山石中的庭院。辛亥革命后，宋教仁来京，就住在这里。宋教仁被袁世凯暗杀后，这里立过一个小小的纪念碑。畅观楼东北方，有一座游廊环绕的庭院式建筑物，就是有名的豳风堂，这个堂名取义于《诗经》的《豳风》篇，虽说是"颂圣"的，但和农事有关。几十年前，这一带都是荷塘和稻田，大似江南农村，颇有野趣，现在这块牌匾早已毁坏。隔开一条小河，正南方向还有两座纯日本式的木板房屋，鱼鳞状的木板墙壁，做工很细的木拉门——障子，房外还有矮矮的日本塔松，原是展览性质，想不到已成为一种优美的园林点缀物。

这里称作"万牲园"，光绪三十四年（一九○八）开始卖票，开放，任人参观。这里的大门还是原建的，进大门后的庭院，也是老样子，当时人称"万牲园"，又叫"万生园"，后又改称"农事试验场"。原意所谓"万生"，是包括动物和植物的。那时，进大门往东，是参观动物，往西是参观植物。昔人诗所谓："入园分两界，中隔一湾水。植物与动物，划然分彼此。"现在只是动物园，不再以参观植物号召了，而进大门后，还可以看出诗中所写的"入园分两界"的痕迹。

万生园展出动物的场地很小，只占东西二门内一片地方，往北、往西就没有了。当时动物都养在室内，猛兽展览馆是四五座六角形的亭式建筑，里面分成六格，都是扇面形，墙上有兽洞可通，装有推拉插板，拉开兽可通行，插上兽过不来，便于饲养人员清理放食。前面装铁栅栏，栅栏外隔着走廊还有玻璃窗，本来游人可在走廊中隔栅栏看，后来有小孩手伸进去，被咬伤过，便只能隔着打开的玻璃窗，在外面观看了。象房也很小，而且光线很暗。另外也有小动物馆、猛禽、鸣禽馆。大动物最早有老虎、狮子、金钱豹、大象、斑马几种，没有多少年，斑马死了，做成标本展出。那时斑马叫"文马"，这名称现在也很少有人知道了。日本叫"麒麟"的长颈鹿、河马、犀牛等等异兽，当年万生园从来没有养过。至于熊猫，连名字也没有听说过。鸣禽馆中，有一只八哥，会叫"卖报，卖报！""混蛋，混蛋！"最能引人兴趣。

叶德辉《观古堂诗集》中有一首《游万生园诗》，写的是民国初年游万生园的情况，也正是鲁迅先生几次去游览的前后，摘引几句，以见当年的实况。诗云："万生园中列万物，飞潜动植充林麓。……钱髯语我园游好，四月黄云麦秋早。入门突见两长人，伛偻接客如山倒。迤逦携手与周行，青苍步步连芳草。象房兕柙重门开，虎啸狮吼闻惊雷。狐狸跳舞鼠兔跃，似与暮气乘虚来。可怜文马擅文彩，老死不见文王台。目穷万状毛虫丑，怪羽啾啾声在后。铜梁鹦鹉自呼名，伏者如鹰吠者狗。其余水鸟与山禽，色色形形无不有。……"后面半首写农事植物，如什么"桃李杏梅柰柿枣，百果分种连花田。灌花老人笑且语，别有温室辟寒沍"等等，把万生园比较繁盛时期的状况，写得还是清楚的。

鲁迅先生不但几次同家人去游览万生园，而且在好多文章中提到过。一九二六年《马上支日记》七月三日记云：

晚饭后在院子里乘凉，忽而记起万牲园，因此说：那地方在夏天倒也很可看，可惜现在进不去了。田妈就谈到那管门的两个长人，说最长的一个是她的邻居，现在已经被美国人雇去，往美国了，薪水每月有一千元。

先生的《马上支日记》，虽说是文学体裁的创作，但所记全是当时的事实，然后再生发出去作文章。这天日记，这儿只是一个开头，是由万生园说起的。一是说万生园夏天的风景很好，是消暑乘凉的好地方。叶德辉诗中写四月中的风景道："西行忽见飞桥连，下有曲涧鸣流泉。舟子抱桨眠柳絮，园丁缚帚扫榆钱。"写得很生动。这里春天好，夏天更好，高柳荫浓，荷塘风软，因为是几个名园的底子，所以很有些池沼流水、林木乔柯，足以点缀景色，正像鲁迅先生所说："在夏天倒也很可看。"当时正是段祺瑞执政府时代，有一个时期，农事试验场不开放，要有熟人才能进去，所以说"可惜现在进不去了"。第二，谈到那两个长人。现在六七十岁以上的人，小时候游过万生园的都还记得，门口收票的两个长人，身高都在二米以上，收票时常常跷起腿来，踏到对面铁栏上，孩子们仰着头好奇地望他，从他腿下面钻过去。前引叶诗中也说"入门突见两长人，伛偻接客如山倒"，也就是这两位。后来有一位被美国人雇到好莱坞电影城去拍电影，成为一时的新闻人物。四川人邓镕（字忍堪）一九二七年写的《春游杂事》中有一首也咏此事，诗云：

休言食粟似曹交，九尺身轻渡海遥。

果有巨人长无霸，金钱不复看僬侥。

诗后并自注云："三贝子园司阍有长人二，余等不及其肩。其一为西人雇以重金，鬻技于海外都会，获利不赀。"不过这两个长人并未发财，而且老境很潦倒。

早期万生园的动物后来也越来越少，本来经费就不足，再加层层贪污，不少动物从二十年代末、三十年代初就相继饿死了。《春游杂事》诗还有一首写道：

豹房虎圈尽空虚，兽簿何从问啬夫。

止有猢狲犹未散，缘橦轻矫胜都卢。

诗后注云："园中豢养猛鸷，多以饿毙，惟猴类尚多，游人聚观，顿有时无英雄之叹。"这已是旧时万生园走下坡路、日渐荒凉的时代，也是鲁迅先生离开北京后不到一年的情况。自此之后，若干年中，万生园苟延残喘，时闭时开，一直到解放后，这个创建于本世纪初的北京的第一个公园，才得到新生，中经一度叫西郊公园，后又加以整顿经营，才成为今天的宏大壮观的动物园。这里当年还有辛亥革命烈士墓。就是在东华门三义茶馆门前扔炸弹伏击袁世凯未中而就义的张先培、黄之萌、杨禹昌，在府右街光明殿良弼家炸死良弼、当场牺牲的彭家珍，四位烈士都埋葬于此，鲁迅先生在文章中还曾感叹过他们墓地的荒凉。于今园景壮丽，游人欢欣，可以说是实现了前辈先烈们的遗志了。

鲁迅先生游览万生园的事迹去古未远，陪同先生游览的人不少还都健在，那座刻砖的三拱门的大门下天天沸腾着游人欢乐的笑声，谁能想象鲁迅先生当年走进这座园门时的情景呢？

国子监

　　鲁迅先生早期日记中，记到国子监的地方很多，到北京不久，就去了国子监。壬子（一九一二年）六月二十五日记云：

　　午后视察国子监及学官，见古铜器十事及石鼓，文多剥落，其一曾剜以为臼。中国人之于古物，大率尔尔。

二十六日又记云：

　　上午太学守者持来石鼓文拓本十枚，元潘迪

《音训》二枚，是新拓者，我以银一元两角五分易之。

同年九月五日又记云：

上午同司长及数同事赴国子监，历览一过后受午饭。

这几则日记都提到国子监，不过写得很简单。从日记中"视察"二字看，只能一般地理解到这是公事，但为什么要视察国子监，国子监又是什么地方，里面情况如何，又是国子监，又是学宫，凡此等等，就不是一句话所能说清楚的了。

国子监就是封建时代的国家最高学府。鲁迅先生去的是明清两代的国家最高学府，这和后来的国立大学在制度和办法上完全是两回事。学宫就是孔庙，又称文庙，鲁迅先生视察的学宫，是元、明、清三代的北京的孔庙。国子监和学宫，是在一起的，过去北京有城墙、城门的时候，这两处国家学术机构都在北京东北城，安定门里成贤街。在这条街北面，西面是国子监，东面是孔庙。虽然各有大门，但里面有门相通，在清代，实际等于一个机构。文献记载上也写在一起。《清史稿》"礼志"中记云：

> 世祖定中原，以京师国子监为大学，立文庙。制方，南向。西持敬门，西向。前大成门，内列戟二十四，石鼓十，东西舍各十一楹，北向。大成殿七楹，陛三出，两庑各十九楹，东西列舍如门内，南向。启圣祠正殿五楹，两庑各三楹，燎炉、瘗坎、神库、神厨、宰牲亭、井亭皆如制。

历代国子监及孔庙的建筑都有一定规格，所以这段记载最后说"皆如制"，"如制"，就是按照一定的制度。一般人很少读史书的"志"，这是冷门货，为了说明问题，先引一段礼志，以便下文更清楚地介绍。

清代国子监是一个独立机构，设管理监事大臣一人，由满、汉大学士、尚书、侍郎特简。下设祭酒、司业，祭酒从四品，司业正六品，官职虽然不大，却是很受人尊重的，都是当时学养有素的知名之士。如康熙时的大诗人王渔洋就做过国子监祭酒，近代著名历史学家、《新元史》作者柯劭忞就做过国子监司业。光绪末年，废科举，兴学堂，成立学部，这里就归学部管了。《清史稿·职官志》记载："光绪三十三年，省入学部。嗣以文庙、辟雍典礼隆重，特置国子丞以次各官，分治其事。"辛亥革命以后，共和政府成立。清朝学部的事务，移交给新政府的教育部，鲁迅先生在社会教育司做佥事兼科长，正好是主管，所以要在接事不久，便来视察。以后又几次来此，都是因为职务的关系。

国子监和大学最早都是元代大德年营建的，所谓"左庙右学"，是按照传统规矩建造的。曼殊震钧《天咫偶闻》中描绘这里当年的气氛道：

国学在安定门成贤街，因明之旧……桧柏皆逾十围，翠盖撑空，苍苔绣径，庭阶肃穆，风日幽闲。每一瞻仰，令人兴敬止之思，信诗礼之宫墙，道德之渊囿也。辟雍亭在国子监彝伦堂下，璧水环周，檐楹壮丽，虹梁四达，碧坊高骞。

从震钧的描绘中，可以想见其肃穆气氛。照这两处的作用来说，国子监是国家太学生读书讲学之所，孔庙是供奉孔子的地方。辟雍是国子监中心，是一座深广五丈三尺见方的华丽建筑，是皇帝讲学的大课堂。别人不能在此讲学。四面有门，周围有回廊，廊外即汉白玉栏杆，喷水螭头的水池，对着门均建有石桥。这就是所谓的"辟雍泮水"。过去考中秀才，有资格入监读书，叫作"游泮"，就是从这个"泮水"来的。这是从《诗经·鲁颂》"泮水"中"既作泮宫"一句留下来的故事。所谓"诸侯之学"，实际是似是而非、谁也说不出道理的。清代崇尚朴学，姚漟、方玉润都有考证，但是都解释不清楚。不过这是闲话，不必多说。而国子监的建筑物还是值得介绍的，辟雍的北面是彝伦堂，是元代崇文阁的旧址，明代永乐时改建，命名为彝伦堂。东面孔庙的主要建筑物是大成殿，重檐庑殿，顶盖黄琉璃瓦，殿基汉白玉石栏围绕。孔庙的大门叫"先师门"，又叫"棂星门"，这座门，在古建筑成群的北京也是较特殊的。因为北京古建筑最多是明清两代的，而棂星门却是元代的建筑，粗大朴实的斗拱，清楚地显示出元代木建筑的风格。再有国子监中的那座琉璃牌楼也很精美，其白石横匾一边刻"圜桥教泽"，一边刻"学海节观"，都是称颂泮宫的颂言。

这里不只是建筑物，更重要的是有许多重要的古

▼ 国子监琉璃牌楼（约20世纪初）

物。大成殿中不只有孔子、四配（颜回、孔伋、曾参、孟轲）等牌位，更有一套完整的祭器和乐器，笾豆、登、爵、编钟、编磬、琴、瑟。大门内两侧排列着大量的石牌，这是明清两代的进士题名碑，还是一千三百年前唐代进士"雁塔题名"的遗意。这事直至肃宁刘春霖氏中末代状元后，光绪三十年清朝废弃科举制度才停止。国子监还保存着"乾隆石经"。西安有唐代"开成石经"，字体不同，十分芜杂。乾隆时江苏金坛贡生蒋衡，字湘帆，号拙老人，用十二年的时间，一人写成一部《十三经》，共六十三万多字，乾隆五年江南河道总督高斌把这部蒋衡写的《十三经》献给清廷。乾隆五十六年（一七九一）刻石，五十九年（一七九四）刻成。连乾隆上谕共石经刻石一百九十块，迄今均保存于国子监中。还有更重要的文物，就是"石鼓"，这是唐代韩愈都写诗赞颂过的古物。历代学人以一见石鼓为盛事，正是热爱宗邦文化的表现。如清初谈迁在《北游录》中记参观太学石鼓云：

癸酉，自正阳门东行，观太学石鼓，在先师

庙门内。高二尺，广径尺余，形似鼓而项微圆，其一如臼。周宣王之猎碣也。初弃陈仓野中，唐郑余庆徙凤翔县学，而亡其一。宋皇祐四年，向传师得之民间。宋大观二年，徙京师国学，金嵌其字。靖康二年，金人辇至燕，剔其金，置大兴府学。元大德十一年，大都教授虞集移国学。其篆籀凡六百五十七言，宋治平中存字四百六十五，元至元中存字三百八十六，今存字三百二十五。

谈迁生当明末清初之际，是一个很爱国的知识分子。这是三百多年前关于石鼓的记录。石鼓上刻着比金文晚、比篆文早的文字，世称石鼓文。年久石头表面风化剥蚀，所刻文字能见者越来越少，一般人对古物也不明意义，不知爱护，改作他用，造成破坏，所以其一似臼。谈迁参观时如此，鲁迅先生视察时，又在二百多年之后，鼓上可见的字更少了。所以先生感慨地说"文多剥落，其一曾剜以为臼。中国人之于古物，大率尔尔"这些话，既是叹古，亦是慨今。

按，"石鼓"，正名为"猎碣"，是记周宣王狩猎的石刻。但争论很多，有的说是文王之鼓，宣王刻石，有的说是宣王的，有的说是秦人的。从韦应物、欧阳修、赵明诚，直到晚近的马衡，都各有主张。但石鼓文年代越久，字数越少却是很现实的。太学守者特地由东北城跑到西南城教育部，送给鲁迅先生石鼓文拓本十枚，为的是得到鲁迅先生一元二角五分大洋的代价，虽然肯定说字数是非常少了，但想想还是十分便宜的。传世的石鼓文拓本以晚明锡山安氏十鼓斋所藏"前茅本""中权本""后劲本"最佳，均为北宋拓本。"前茅本"存四百九十七字，"中权本"存字五百，"后劲本"不知。"前茅本"宋拓真迹已于半世纪前以万金的代价流入日本，中华书局影印本有马叔平（衡）、唐立庵（兰）二先生的"跋"，这个影印本，现在也不大容易买到了。

国子监和孔庙在清代有两样大典，一是皇帝要举行"辟雍"大典，就是到辟雍亭讲学，要举行典礼。按，"辟雍"二字，是从《周礼》上传下来的名称，即周之大学名"辟雍"，后代从《周礼》，即都叫"辟雍"。不过这个礼节，辛亥后不举行了。因为在名义上已经"共和"，没有皇帝，也不行周礼了，所以鲁迅先生当年没有参加"辟雍大典"。第二就是孔庙中的"丁祭"。按，《清史稿·礼志》所记："春秋上丁，遣大学士一人行祭，翰林官二人分献，祭酒祭启圣祠，以先贤、先儒配飨从祀。有故，改用次丁或下丁。"其典礼是十分隆重的。所谓"春秋上丁"，就是立春或立秋之后，第一个有干支"丁"字的日子，如"丁丑""丁卯"等等。辛亥之后，是否举行祭孔的事，并未明文规定，但在一些守旧的人看来，这似乎还是大事。这就发生了"孔子过生日"的闹剧，癸丑（一九一三年）九月二十八日记云：

> 星期休息。又云是孔子生日也。昨汪总长令部员往国子监，且须跪拜，众已哗然。晨七时往视之，则至者仅三四十人，或跪或立，或旁立而笑，钱念敏又从旁大声而骂，顷刻间便草率了事，真一笑话。闻此举由夏穗卿主动，阴鸷可畏也。……下

午小睡。晚国子监送来牛肉一方。

汪总长是汪大燮。这不是正式"丁祭"，如照世俗说法，这是给孔子拜冥寿，因为他是死了两千年的人，而用的是丁祭的办法。辛亥后规定，一切大礼仪式免去跪拜磕头的办法，而这里还用"跪拜"，大部分人是官僚，既不坚决反对，又不认真执行，所以闹哄哄地演了一场滑稽戏。但是下午还送给先生一方牛肉，这倒真真是"丁祭"的规矩。因为"丁祭"的祭品照例用"太牢"或"少牢"，不管哪一种"牢"，都要杀一条牛作牺牲来献牲，成"释菜""释奠""饮福""散胙"的仪式。凡是参加祭礼的人，照例要分到一点祭余的牛肉，谓之"受胙"。送给鲁迅先生的这一方牛肉就是"胙"，按古礼就是干肉的意思。

不过这一次还不是正式祭孔。袁世凯早具窃国称帝的野心，"共和"不过是他的一个过渡手段，做皇帝才是他的目的。在洪宪帝制之前，他先要让他的喽罗们制造各种空气，恢复各种专制礼仪。民国三年，也就是一九一四年一月十四日，袁世凯的政治会议讨论"祭天及祀孔案"，讨论的结果，袁世凯在天坛演了一场"虾蟆祭天"的丑剧，孔教会的人也正式要举行"丁祭"。甲寅（一九一四年）三月二日记云：

> 晨往郢中馆要徐吉轩同至国子监，以孔教会中人举行丁祭也，其举止颇荒陋可悼叹，遂至胡绥之处小坐而归，日已午矣。

如果说这次祭孔，还是社团出面，那么第二年，也就是洪宪帝制的时期，正式祭孔出现了。乙卯（一九一五年）三月十六日、十七日分别记云：

> 夜往国子监西厢宿。
> 晴。黎明丁祭，在崇圣祠执事，八时毕归寓。

日记很简单，却隐藏着很复杂的时代背景。民国元年，南京临时政府，蔡元培先生任教育总长，其措施首先是停止祭孔，其次是北京大学废去经科，正式定名为文科，人们说这两件事在中国的影响极大。后来北京大学有人作"柏梁体"联句诗，咏北大人物，说到蔡孑民的一句就是"毁孔子庙罢其祀"。而在民国四年，又全面恢复了祭孔，可见旧势力是多么顽固了。

鲁迅先生住在南半截胡同绍兴县馆，在北京外城的西南角，而国子监在安定门成贤街，在北京内城的东北角，如果划条对角斜线，也足足有二十里路吧，何况还要弯弯曲曲地走呢。当时又没有汽车，这样远的路，是很费时间的。"丁祭大典"据说要黎明举行，当天赶去，自然来不及，所以头天夜里就要先去住在那里了。

其后若干年中，北洋政府还在举行"丁祭"。先生日记中时有记载，如丁巳（一九一七年）二月二十三日、二十四日记云：

夜至平安公司观景戏，后赴国子监宿。

晴。晨丁祭，在崇圣祠执事。

戊午（一九一八年）三月十九日、二十日、二十一日记云：

午后往孔庙演礼。

夜往国子监宿。

晨祀孔执事毕归寓卧。

一直到一九二〇年、一九二一年先生搬到八道湾居住时，日记中还记着"午后往孔庙演礼"及"向晨赴孔庙，晨执事讫归睡"或"未明赴孔庙执事"。不过这时住在西北城，路途稍近，坐包车走新街口、蒋养房、旧鼓楼大街等处去，大概一个小时就可到了，就不用再头天晚上住在国子监，只要第二天五更起身就可以，但是这也够辛苦了。一直到一九二三年三月二十五日日记中还记着：

晴。星期。黎明往孔庙执事，归涂坠车落二齿。

根据这些记载，可以想见鲁迅先生去国子监和孔庙的次数是非常地多了。这些都是历史的陈迹，拉杂写来，保存一点资料，供读者参考吧。

漫步银锭桥

什刹海之一

《鲁迅日记》壬子（一九一二年）九月五日记云：

> 上午同司长及数同事赴国子监，历览一过后受午饭，饭后偕稻孙步至什刹海饮茗，又步至杨家园子买蒲陶，即在棚下啖之，迨回邑馆已五时三十分。

这段记事文字不多，但很能想见先生当日的豪情。"同司长"是同夏穗卿，赴国子监是为了在国子监彝伦堂设立历史博物馆筹备处事。在此以前，先生于六月份就视察过国子监及学宫，这是第二次去了。

国子监在安定门，什刹海在地安门西，虽然不能说太远，但相距也有一段路程；即使走近路，走到鼓楼前，从烟袋斜街斜穿过来，弯弯曲曲，总也有四五里路吧。而先生却安步当车，同朋友由国子监步行到什刹海河沿来喝茶，这已经是兴致非常好了；而喝完后游兴未阑，又漫步到杨家园子去买葡萄，买好后，就坐在葡萄架下吃起来。向晚时分，对着初秋的斜阳，坐在绿阴阴的葡萄架下，望着垂实累累，吃着现摘下来的玫瑰香的葡萄，此时此刻，其豪情隽味，真可说是跃于纸上了。先生在日记中特地加了两个"步"字，又记了"即在棚下啖之"一句，生动而真实地反映了先生当时的情感。

先生在这年八、九月间，去了不少次什刹海，在日记中都有记载。这中间有一个重要原因，就是为了工作的关系。另外，其时又是夏末秋初，正是什刹海风物最宜人、游客最热闹的时候，所以也就顺便几次逛什刹海了。

当时先生在北洋政府教育部社会教育司工作，职务是金事兼第二科科长，主管事务是：博物馆、图书馆、动植物园、美术馆、美术展览会、文艺、音乐、演剧、古物等事项。早在清代光绪末年，张之洞入主军机，兼管学部，推行新政，就筹建学部图书馆。当时归安陆氏之书全被日本人买去，张恐怕其他藏书家的书也流向国外，就想征集宁波范氏天一阁、常熟瞿氏铁琴铜剑楼善本书入馆，但这种无偿征集，近于夺取，因而瞿氏拒绝送书，只有天一阁答应送二十种书，敷衍一下，后来也并未送来。只是把学部和翰林院的书集中在一起，设立了京师图书馆。正式开馆，是在宣统元年（一九〇九），《清史稿》宣统本纪上记着："秋七月……壬申，学部立图书馆于京师。"这就是北京最早的国立图书馆，也就是现在文津街北京图书馆最早的前身了。当时张之洞住家在后门外白米斜街，他家的后窗打开就对着什刹海的前海，可能因为他的关系吧，这个图书馆的馆址就选择了什刹海银锭桥西后海北岸的广化寺。最早两任馆长是缪荃荪和江瀚。辛亥革命之后，政府成立，这个图书馆归教育部社会教育司接管，主要就是由鲁迅先生他们负责的。壬子（一九一二年）八月二十日记道：

上午同司长并本部同事四人往图书馆阅敦煌石室所得唐人写经，又见宋、元刻本不少。阅毕偕齐寿山游十刹海，饭于集贤楼，下午四时始回寓。

这便是先生由于职务关系，第一次到京师图书馆去，又顺便游览什刹海的经过。实际图书馆就在什刹海，二者原本是一体的。

广化寺作为图书馆，从风景上说是十分相宜的。这座寺在后海北岸，庙门正对后海湖面，门前还有一片开阔地带，长着一些古槐、老柳之类的杂树。庙院很大，前门在后海沿，后门却一直顶到鸦儿胡同，黑鸦鸦的一大片房屋，同当时的广济寺、广惠寺一样，都是有名的大庙。风景好，而且远离市廛，绝无尘嚣干扰，的确是读书的好地方，唯一的缺点，就是太偏僻了。

出庙门顺海沿往西走不远，就是宣统生父载沣的王府。摄政王当年上朝时，每天都要经过广化寺。顺着后海北岸往东走不远，到了水面最窄、像个葫芦腰的地方，那就是极有名的银锭桥了。说是桥，但是如果你不注意，一忽略就走过去了。在北京的名桥中，甚至在全国的名桥中，它恐怕是最简陋、最寒伧的了。"银锭观山"和"卢沟晓月"分别都是"金台八景"之一，但银锭桥与卢沟桥比，在建筑规模上，简直是无法比拟。整个银锭桥的长度还没有卢沟桥的一个桥墩长，但它在地位和名气上却与卢沟桥并驾齐驱。从广化寺东门往东走，没有几步，就到了桥前，如果往左拐，便是烟袋斜街，往右拐，便上桥，桥不高，几乎和两头的街面平行；不宽，只有丈把宽，不能对开两部汽车；不长，顶多也不过两丈长。过桥，正对一条小胡同向北口，地名海潮庵，偏东，顺河沿走，便豁然开朗，到了什刹海的西河沿了。

刘侗《帝京景物略》中《泡子河》一篇开头说：

　　京城贵水泉而尊称之：里也，海之矣；顷也，湖之矣；亩也，河之矣。

就是说北京缺水，有一里大的水面，就称之为海了。什刹海还分后海、前海，前海绕一圈也不过二三里路，实际还没有西泠桥里面里西湖大，而它却洋洋自得一直以"海"名。银锭桥似乎就是这个海上的蓬莱。《帝京景物略》中《英国公新园》说：

> 崇祯癸酉岁深冬，英国公乘冰床，渡北湖，过银锭桥之观音庵，立地一望而大惊……西接西山，层层弯弯，晓青暮紫，近如可攀。

刘同人的文章，直入公安、竟陵门径，写得自是冷隽。但真正好，还是那个地方好。"银锭观山"作为"金台八景"之一，的确是名不虚传的。站在桥头上往西北眺望，后海的水面越来越宽，也越苍茫，在水天极处，浮现着一痕西山的影子。有时若有似无，有时清明娟秀，有时铺霞堆锦。昔时有人曾用一个"钝"字描绘西山，因系名家，便有不少人附和，而我则觉得这字是不能完全表现西山的千娇百媚的。看山是宜晴、宜雨、宜朝、宜暮，春夏秋冬，各有不同，最好是盛夏雨后，初秋清晨，残冬雪霁。最怕是北京春天特有的大黄风天气，那真是一塌糊涂，什么"钝"不"钝"，再好的西山也是面目全非的了。旧时老师顾随先生的《一半儿》道："山前山下影模糊，恰似潇湘水墨图。……有春无，一半儿尘沙一半儿土。"正是纪实之作；可惜年代久远，记不完全，忘掉了第三句。不过银锭桥的大大出名，还不在于"银锭观山"，而有它更重要的原因。当年这座不起眼的小桥是摄政王载沣每天上朝的必经之路。距今七十年前，一九一〇年三月三十一日，即宣统二年旧历二月二十一日，汪兆铭、黄树中、罗世勋三人就在这座桥下埋炸弹，谋刺载沣。阴历二月间，什刹海边上没有游人，冷冷清清，一有行迹可疑的人，很容易被巡逻者所发见，不久三人同时被捕，银铛入狱。汪兆铭还写下"慷慨歌燕市，从容作楚囚。引刀成一快，不负少年头"的诗，一下子大大地出了名，银锭桥也举世皆知了。[1]

---

1 关于汪精卫炸摄政王的地点，据东莞张次溪寻考，系甘水桥。按，甘水桥在旧鼓楼大街小石桥南，一九四三年，福建人李宣倜曾撰有《北京庚戌桥记》说明此事。但甘水桥后来只剩下地名，桥已没有了，而银锭桥一直存在到现在。民间传说，炸摄政王的地址是银锭桥。

鲁迅先生和齐寿山先生经过银锭桥时，距行刺摄政王事件的发生相隔不过两年半时间，齐寿山先生又是京师掌故名家，过桥时，可能要指指点点地详细告诉先生事情的经过吧？

会贤堂与荷花市场

什刹海之二

　　先生日记所记,吃饭的酒楼是"集贤楼",实际是记错了的。应该是"会贤堂"。由广化寺图书馆出来,过了银锭桥,顺河沿往南走,没有多远,就可以望见:在绿柳荫中,远远地飘荡着北京式的饭庄幌子,下垂红布的,一块块地垂在楼头房檐下的黑地金字的长牌子,这自是"青旗在望"的遗意,但比江干野店的青旗那要富丽得多了。"在望"之后,接着,便是一座画栋雕梁、修栏疏槛的大酒楼出现在你的眼前,这就是有名的"会贤堂"了。

　　"会贤堂"的有名,其故有三:一是政治的,二是风景的,三是饮食的。

这是一座十二开间，面向东南的大酒楼，全部建筑都是磨砖对缝的楼房，二楼房间全部有宽大的绿油栏杆画廊，正对着什刹海前海湖面，可以凭栏眺望。由北往南数，第三间的楼下是大门，两边马头墙上，挂着耀眼的大铜牌子："会贤堂饭庄"。进门大影壁前面摆着太平水缸。门前老柳浓荫，地方十分宽敞，有上马石、拴马桩。它的门前，也是当年载沣每日进宫的必经之路。载沣一生，不知照顾过它多少生意；做摄政王时，还曾在这里召开过大臣会议。"会贤堂"门前河沿的广场上，在那浓密的柳树荫下，当年曾经停满过绿呢大轿、红围子大鞍车和西洋式的四轮双马大马车。在鲁迅先生去时，虽然已经不再是爱新觉罗氏的天下，黄带子的气势不比从前，但会贤堂照样做的是北府（载沣王府的惯称）和内务府的生意。徐世昌做大总统，溥仪的内务府大臣世续、绍英、耆龄出面宴请这位徐太傅，并由内务府的前任大臣增崇、继禄作陪，就是在这个什刹海水滨的会贤堂楼上举行的。溥仪在《我的前半生》一书中写得很清楚。

会贤堂的风景是独一无二的，当时在北京找不出第二家。面对着什刹海的水面，往东北方向望去，是鼓楼、钟楼的嵯峨气势衬着缥缈的蓝天；往东南方向望去，是绿树葱郁的景山衬着黄琉璃瓦的佛亭。近处是粼粼的水面，依依的柳浪，郁郁的翠盖，冉冉的荷香。从柳浪的缝隙中望过去，是斜跨前海那条大堤上荷花市场中的熙熙攘攘的人群。我后来做客在杭州，在孤山下太和园门口，看着店里的师傅在门口湖边柳荫下，从系在湖水中的鱼篓里取活鱼，不禁想起什刹海边上会贤堂的情景，感到十分神似。虽然会贤堂门前，远远没有孤山下太和园和楼外楼的视野开阔，但情调是一致的。

▶ 鼓楼（约1920年）

在饮食方面，会贤堂也是继承了什刹海的流风余韵的。严缁生《忆京都词》注云：

> 德胜门内积水泽之荷，则可约客往观，且有酒家卖荷叶粥，清香可口。宴客之筵，必有四冰果，以冰拌食，凉沁心脾。

这是清代同光以前的情况。会贤堂也是以精致的冰碗著称，以荷叶粥、莲子粥闻名。一九一九年，正好是"五四运动"那一天，沈尹默先生恰巧和朋友在会贤堂闲坐，给朋友写了一首小词，调寄《减字木兰花》，词云：

> 会贤堂上，闲坐闲吟闲眺望。高柳低荷，解愠风来向晚多。冰盘小饮，旧事逢君须记省。流水年光，莫道闲人有底忙。

这首小词，基本上把会贤堂的风光概括了。只有一点可议者，就是实际时令较之词中意境要晚一些。因为阳历五月初，只不过旧历四月初，在北京这时，新荷一般还未全部出水，冰盘也还未登市，要到端午之后，荷花市场才开市。

鲁迅先生和齐寿山先生那天在会贤堂吃饭，从时令上说，正是好时候。这天是旧历七月初八，七夕初过，中元未到，是一年中什刹海荷花市场最热闹的日子。二位先生坐在会贤堂楼上的雅座中，先弄个冰碗尝尝鲜，鲜莲子、鲜鸡头米、鲜菱角、鲜藕，并在一个碗中，刚从冰桶中拿出来，又凉、又甜、又鲜。一边吃着，一边看着栏杆外面的风景，偶然有东南风吹过，传来阵阵荷花市场上唱野台小戏的锣鼓声、丝弦声。这种情趣，也许多少有些先生在东南水乡看社戏的境界吧。总之，这些都引起了先生的兴趣，所以五天之后，于星期天，又大老远地特地从南城跑到什刹海来喝茶了。一九一二年八月二十五日记道：

　　星期休息。……午后钱稻孙来，同往琉璃厂，又赴十刹海饮茗，旁晚归寓。

其后于九月一日、九月五日又接连去了两次。可见先生对什刹海兴趣之浓了。

什刹海昔时作为游赏胜地，那原是很早的事了，但最早集中在积水潭和后海一带，戴璐《藤阴杂记》记乾嘉以前的情况说：

> 积水潭荷花极盛。潭在德胜门内，毗连秦家河沿，荷繁于昔。河沿有河船一具，仿西湖船式。六、七两月，月望前后，放棹花间，明月清风，如游仙境，忘其为在人海中也。

高珩《德胜门水关竹枝词》云："酒家亭畔唤渔船，万顷玻璃万顷天。便欲过溪东渡去，笙歌直到鼓楼前。"洪亮吉《积水潭看花》诗云："十里长河汇作塘，马嘶人语看花忙。"均可想见当年积水潭及后海一带的游览胜况。后来积水潭及后海水浅处逐渐淤积为苇田，两边杂种菱、茨、水稻，看荷花的热闹区域，慢慢移到银锭桥东，什刹海前海来了。富察敦崇《燕京岁时记》云：

> 十刹海俗呼河沿，在地安门外迤西，荷花最
> 盛，每至六月，士女云集。

沈太侔《春明采风志》云：

> 十刹海，地安门外迤西，荷花最盛，六月间士
> 女云集，然皆在前海之北岸。同治中忽设茶棚，添
> 各种玩艺……

这就是荷花市场的缘起，鲁迅先生几次来什刹海饮茗，也就是在这样的茶棚中了。

由会贤堂门前稍往南行，没有几步，就有一条由西北通向东南的大堤把前海一隔为二，大堤两旁都是老柳树，堤南堤北的水面，一进六月，新荷出水，渐渐就看不到水面，而全部是接天无穷碧的莲叶了。荷花市场就设在这条大堤上，会期一般年份是五月端午

开始，七月中元盂兰会之后结束。届期堤两旁先搭起不少茶灶、酒肆的大天棚。这也是北京棚铺的好生意。搭法是先搭木板平台，一半在堤上，一半伸入水中，围上栏杆，上面摆桌子卖茶、卖酒，客人凭栏而坐，又得看荷花，又得乘风凉，是十分理想的消暑处所。在木板平台的上面，又搭着舒卷自如的大天棚，既可挡住伸入水中一面的阳光，又可防夏日的雷阵雨。等到黄昏之后，新月初上，夜凉如洗，天棚的席子统统卷了起来，客人们一边喝茶，一边望着夜空的疏星、弓月，水面上黑黝黝的，飘拂过来的是淡淡的荷叶香、荷花香，柳上断续蝉鸣，堤下一片蛙声，北岸河沿人家的后窗上时时闪动着红红的灯火，很像江南某些水码头边船上的灯火。那时什刹海茶座上这点带有郊野意味的情趣，就北京来说，只有当年二闸泛舟时如意馆、望东楼的茶座或可比拟，其他就都比不上了。后来中山公园、北海公园的茶座虽然高级、考究，但是富贵气太重，远远不能和什刹海的野趣相媲美。

　　这条大堤短短的也不过一百多米长，在荷花市场开市的日子里，这样的大茶棚大约有三四处吧，其他就是卖酒、卖菜、卖吃食的大棚了。六月一过，鲜藕、鲜莲子、鲜菱都上市了，而且就是什刹海前后海所生产的，是真正的"土宜"。什刹海最应时的食品八宝莲子粥和荷叶粥，就是这些"土宜"烧成的。八宝莲子粥是用糯米和上好粳米煮得腻笃笃的粥，盛在小碗中，中间混着鲜莲子、鲜菱、鲜鸡头米等，上面再堆上雪花绵白糖、青丝红丝，看上一眼，就觉得香喷喷、甜腻腻的了。荷叶粥更是精致而又大众化的食品，上好粳米粥，不稠不稀，烧时用刚刚摘下来的鲜荷叶做锅

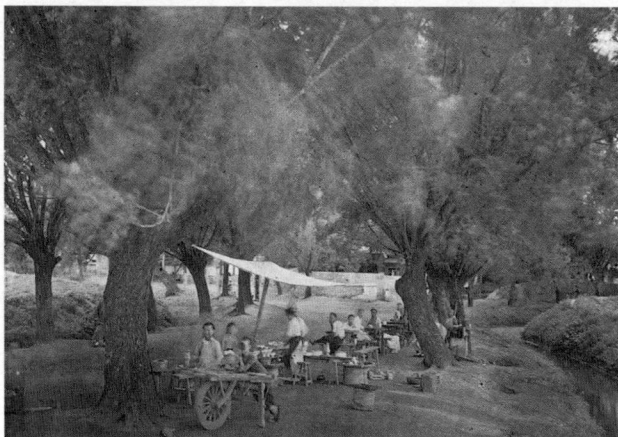

▶ 荷花市场上的小摊位（1913年）

盖，等到粥烧好，鲜荷叶的香味全部渗入粥中，连粥的颜色也变成淡淡的湖水色，一碧澄空了。真不知道第一个创始人是谁，创造出这样富有诗情画意、艺术魅力的食品，该如何感谢他呢？

卖食品的大棚中，专卖食品，但是坐在茶座上，照样也可以把莲子粥、荷叶粥、苏造肉火烧等食品送过来吃。鲁迅先生他们几次到什刹海饮茗，不知吃各种点心没有，纵然日记中未记，我想多少总会品尝一些吧。道光《都门纪略》中的竹枝词道：

地安门外赏荷时，数里红莲映碧池。

好是天香楼上座（酒楼在莲池北岸），酒阑人醉雨丝丝。

就由道光年算起吧，到鲁迅先生饮茗时，什刹海荷花市场的风流绵绵已近百年之久了。

荷花灯

什刹海之三

　　荷花市场在开市期间，每当下午三四点钟，游人杂沓的时候，人头济济，各个阶层的人都有。什刹海周围，昔年有不少王侯宅第，恭王府、乐家花园、相国第宅都近在咫尺。鲁迅先生去时，辛亥革命不久，清代王公贝勒的贵胄子弟，头上拖着小辫，戴着汉玉扳指，腰上挂着槟榔荷包，手上托着画眉笼子，在人群中踱方步的还大有人在；穿着大绣一枝花旗袍，梳着两把头，脚登绣花花盆底子鞋，坐在茶座上吃莲子粥的格格、福晋也数见不鲜。但是更多的则是剃光头、穿短打的一般游客了，因为毕竟是把"辫子"的命革了。簇拥着的人群，其热闹处，还不全在大天棚下面的茶座上。论吃的，还有卖冰镇果子酪的、酸梅汤的、白花藕的。摆摊的、掌柜的，剃着精光的头，穿着琵琶领的对襟白竹布小褂，把手里的冰盏敲得山响；卖切糕的、卖炸糕的、卖凉糕的，忙活着自己的摊子；卖麻花的，卖豆汁的，把大腌萝卜切得像头发丝那样细，在大釉下青的瓷盘中堆得像小山一样，上面洒点鲜红的辣椒丝；卖凉粉的、卖扒糕的、卖灌肠的，把煎灌肠的平底锅子敲得叮乱响，锅子中滋滋滋地冒出煮灌肠的油烟；还有卖豆腐脑的、卖老豆腐的、卖西瓜的、卖果子的……论穿的、用的，有卖估衣的，在老柳下，一件一件地抖着，力竭声嘶地唱着，招引着看热闹的人；卖盆、卖碗，大小绿盆又能买，又能换。论玩的，有套圈的，最远中心处，摆着个大兔儿爷，是最好的彩头，引得孩子们，十个圈、二十个圈地买来套，但套来套去总是只能套两个小泥娃娃，那个大的则老是可望而不可即，最后只好不服气地说说笑笑地抱着小泥娃娃或皮老虎走开了。论看的、听的，则有拉洋片的、摔跤的、变戏法的、玩刀枪拳棍的、说相声的、唱大鼓的、用席围起来唱小戏的……这里既有天桥的繁华，却无天桥的尘嚣，在老柳树下，坐着大板凳，听听"什不闲"，既借水音，又得野趣。

先生壬子（一九一二年）九月一日记道：

星期休息。……上午与季市就稻孙寓坐少顷，同至什刹海，已寥落无行人，盖已过阴历七月望矣。

阴历七月十五，旧称中元节，是什刹海荷花市场热闹的顶峰，是游人最多的一天。吸引人的是：盂兰会上烧法船，什刹海中放河灯。

按照旧日迷信的说法，七月十五中元节是鬼节，盂兰会、烧法船是超度亡魂。但是人们并不真信这一套，在玩得热闹、欢乐的时候，是不会想到神和鬼的。尤其是孩子们，只盼着七月十五放河灯，点蒿子灯，点荷花灯。儿歌道：

荷花灯，荷花灯，今天点了明天扔。

那做得十分精致又十分便宜的小灯笼，先用高粱秸破篾，圈成一个小西瓜大的圆圈，上面贴一圈用纸剪好压凹又染成粉红色的花瓣，下面再贴一圈用绿色纸剪成的六七寸长的流苏，衬着上面的粉红色花瓣，又意味着荷叶，又意味湖水，中间点一支小蜡。在夜凉如水，银河浅淡的小四合院中，儿童们用一根小棍挑着这样的小灯笼，唱着"荷花灯，荷花灯……"的歌儿，跳出跳进。这梦一样的红红的火焰的小灯笼，游荡在夜色朦胧的庭院中，所有的气氛都是像醇酒一样的童年的欢乐，大人们也会暂时忘去生活的艰辛和

▼ 北京街头的灯笼店（约20世纪初）

哀愁，这时哪里还能找得到半点鬼魂的影子呢？在当时，七月十五，对儿童说来，似乎是比元宵更有趣的一个灯节。鲁迅先生是非常关心儿童生活的。甲寅（一九一四年）九月四日记云：

旧七月十五日也，孺子多迎灯。

先生日记，留下一点旧时儿童生活史和民俗史的资料，说起来这也是北京很古老的风俗了。

蒿子灯是拔一棵青蒿，把许多点燃的线香头一一系在青蒿的枝叶间，手举根部，摇来摇去。在昏暗的庭院中、胡同中，点点红星晃动着，空气中弥漫着一派香烟味。"百本张"《北京俗曲十二景》道："七月里，秋爽天，盂兰会上正好游玩，玩童最喜黄昏后，点上蒿子灯，闹了一院子烟。"很可体现民间通俗文学的善于描绘生活细节。荷花灯及蒿子灯均只点一晚，明日便扔掉，夏枝巢老人诗所谓"莲灯似我新诗稿，明日凭扔乐此宵"，即此意也。

什刹海旧历七月十五那天夜里，要在水面上，荷花丛中放河灯。这在刘侗《帝京景物略》中都记载过：

> 十五日，诸寺建盂兰盆会，夜于水次放灯，曰"放河灯"，最甚水关，次泡子河也。

一般的河灯，就是用一小块较厚的圆木板，周围糊一圈纸，中间放一个泥捏的小油灯盏，点燃后，放在平静的水面中，任它随处漂流。也有把西瓜皮雕镂成灯，放在水中任其漂荡的。放灯的那晚，如果坐在茶座上，凭着栏杆，望着水面荷花深处，闪烁着的河灯，似渔火，似繁星，夜气新凉，飘洒衣鬓，简直像催眠曲一样的迷蒙了。文昭《紫幢轩竹枝词》道："绕城秋水河灯满，今夜中元似上元。"其实不但是"似上元"，应该是胜上元的。燕地苦寒，正月十五上元时，穿着臃肿的棉衣，冒着刺脸的寒风看灯，哪里比得上轻衫纨扇，嫩凉残暑季节，在银河下面看河灯时的潇洒呢？

河灯过后，什刹海的荷花市场便到了游客阑珊的时候了。该收摊的收摊，该收市的收市。纵然有些茶棚、酒肆，还恋恋不舍，想多做几天生意，把搭棚的钱和人工挑费，多捞几个回来；可是好景不长，北方的天气，说冷就冷，秋雨秋风之后，谁还肯再来河沿喝茶呢？自然像先生日记所记："已寥落无行人。"荷花市场，水边茶棚，柳下丝弦，这一切便顿时萧索，又要待诸来年了。

穿荻小车疑泛艇

陶然亭之一

　　七十来年前，北京游览的地方不多，城里则更少。当时北海、景山等处还是内苑，中山公园是社稷坛，太庙是皇家的祠堂，天坛是皇上祭天的地方，先农坛是祭先农、皇上"九推"的场所，都是天地鬼神的渊薮，不是人们游乐的场所。辛亥之后，政体突然转变，但这些地方却一下子还改变不过来，不能马上开放，供人们参观游览。《鲁迅日记》壬子（一九一二年）六月十四日记云：

　　午后与梅君光羲、吴［胡］君玉搢赴天坛及先农坛，审其地可作公园不。

▶ 北京鲁迅故居的小院

▼ 北京鲁迅故居的"老虎尾巴"书房

可见鲁迅先生初到北京时，这些地方都还未开放，已经动议筹办了，但还未实现。至于辟出先农坛部分地方开办"城南游艺园"，供人游乐，那还是以后的事。在当时，城里要找一个有风景、可以游乐的地方，那就只有什刹海和陶然亭了。

那时的陶然亭，论风景则远远没有什刹海秀美；论历史，也远远没有什刹海悠久；论游客，更远远没有什刹海热闹，但是论名气，则不但可以和什刹海并驾齐驱，甚至某些地方，还远远超过了什刹海。"江亭修禊"，也就是陶然亭修禊，在乾嘉以后的清人诗集中，几乎家家都有这样类似的咏唱题目，单凭这点文字宣传的功力，就远远超过什刹海了。

陶然亭又名"江亭"，在北京的西南城墙脚下，乾隆时秦朝釪《消寒诗话》中有一则道：

　　京师外城西偏多闲旷地，其可供登眺者曰陶然亭。近临晡晲，远望西山，左右多积水，芦苇生焉，渺然有江湖意。亭故汉阳江工部（藻）所创。江君自滇南入为工部郎，提督窑厂，往来于此，创数楹以供休憩，高明疏朗，人登之，意豁然。江君有记，有长古诗，刻石陷壁。诗如初唐体，文学欧阳永叔，书法甚似吾乡严宫允（绳孙），或即严所书。江君仕康熙时，其时士大夫从容有余力，风流好事如此，可羡也。

秦朝釪这段笔记把江藻修陶然亭的经过，江写的碑记，以及陶然亭的风景说得很清楚。其中提到的严宫允（严绳孙）是江藻友人，是和江藻同时的著名书画家。康熙时举博学鸿词，屡征不就，屡辞不准，不得已进场，只作了一首诗便离开考场。后被授为检讨，又迁中允，所以秦朝釪称他为"严宫允"。严是无锡人，秦是金匮人，清代建制，无锡城分无锡、金匮二县，都归常州府管，严、秦二人是同乡，所以秦文中称之为"吾乡严宫允"，是个颇有民族气节的人。未观其人，先观其友，从江藻的诗文法严书上石，或即严书上石一点看，也可多少想见江藻的襟怀。

江藻修陶然亭，是在康熙三十四年，亦即公元一六九五年，正是修建太和殿工程完工的一年。江藻当时以工部郎中的官衔，提督窑厂事务，烧制琉璃砖瓦，这些窑厂，就在南下洼子、陶然亭所在地大悲庵的周围。这周围的地方，因为烧窑取土关系，越挖越低，只有这座古庙，未被挖掘，因而就显得特别高敞。江藻在这座破庙的西面，修整了一下，盖了一排东房和敞轩，作为公余休憩，和朋友们聚会的场所，以"更待菊黄家酝熟，共君一醉一陶然"的诗意，取名"陶然"。后来挂在庙门前的那块江藻写的大匾，只有"陶然"二字，并未加"亭"，但是从江藻时开始，大家便以"亭"呼之，实际并不是"亭"，只是几间比较高敞的、面西的敞轩而已。这几间敞轩，在建筑上并不讲究，甚至可以说是较为简易的，这座古庙也很小，只有一个院子，只是庙院的一个六棱石经幢，的确是辽代的东西，足以证明这个地方的古老的历史。

江藻修了陶然亭，又作诗，又作记，又树石，又刻字，真是一经品题，身价十倍，原来僻处城南一隔的这样一个不起眼的小庙宇，不久就名闻遐迩，成了北京的文人学士流连咏觞的第一胜地。康熙以后，二百年中，在北京做京官的海内名士，大部分住在宣武门外，所谓"宣南"流寓，这些人，几乎可以说没有一个没游览过陶然亭。

陶然亭所谓"高明疏朗"，远可以眺望西山，无限缥缈，近可以放眼积潦，一派苍茫，可以说是说不尽的野趣和江湖之思，使这些久居日下、红尘攘攘、案牍劳神的京官老爷们精神为之一爽。这里宜春、宜夏、宜秋。道光时杨懋建《京尘杂录》记道：

> 今则二三月间，南西门外三官庙海棠开时，来赏者车马极盛，城内则龙爪槐，城外极乐寺，皆游春地也。游人皆自携行厨，惟陶然亭、小有余芳二处，有酒家。陶然亭暮春即挂帘卖酒，小有余芳则迟至入夏乃开园。

这是陶然亭春日酒家的胜况，旧时文字简洁，只一句便把"陶然"风光写出矣。乾隆时汪启淑《水曹清暇录》云：

> 黑窑厂与陶然亭接壤，都人登高，多往游焉。

光绪时富察敦崇《燕京岁时记》云：

> 瑶台即窑台，在正阳门外黑窑厂地方，时至五月，则搭凉篷，设茶肆，为游人登眺之所。

又云：

> 京师谓重阳为九月九，每届九月九日，则都人士提壶携榼，出郭登高，南则天宁寺、陶然亭、龙爪槐等处。

这又是陶然亭和窑台一带夏日和秋日的胜况，不过这还是一般的游客。至于有名的骚人墨客、诗家大老，那就更不论一年四季，随时都要到陶然亭去雅集了。康熙时查初白《敬业堂诗集》中，就有一个诗题云：

试灯夕吴篁村同年招集陶然亭。

试灯夕是旧历正月十三，最早是"五九"，最晚也不过"七九"，所谓"七九河开河不开，八九雁来肯定来"。在寒冷的北国，正月十三冰还没有完全化，就跑到这冷清的陶然亭雅集，这在当时，除去这些诗酒风流的人有此雅兴外，世俗人恐怕无此豪情吧。诗中有句道"灯火参差亭北面，管弦清脆月初更"，好像当时陶然亭夜间也还有些情趣。

上面说了这些，目的只是说明：第一，陶然亭名气大；第二，因为名气大，鲁迅先生早已就知道陶然亭，也可以说是慕名久矣，所以初到北京没有几天，别的好多地方都未去，就到陶然亭来游赏了。壬子（一九一二年）五月十九日记云：

与恂士、季市游万生园。又与季市同游陶然

亭，其地有造象，刻梵文，寺僧云辽时物，不知诚否。

先生是五月五日到京的，由天津到北京时，曾记途中的景物道："途中弥望黄土，间有草木，无可观览。"说实在，北京的春天，风多、尘土多，就季节上讲，并不是什么游览季节，但先生因为初到北京，又久慕陶然亭的大名，所以在游完万牲园之后，又特地来游陶然亭了。

当时坐的是骡车，由万牲园出来，坐上骡车，顺着黄土路，进西直门，一直走，还是出顺治门，到菜市口转弯，直到虎坊桥，再转弯往南，过了南横街，走八角琉璃井胡同往南，地势就越来越低，经过一个过街的小楼，像城门洞一样，那就是大名鼎鼎的江南城隍庙。再往前，路东一座小庙，庙虽小，却很整齐，这是有名的姑子庙，名叫"三圣庵"。往前再走不远，就到了陶然亭区域了。首先触入眼帘的，是西南面的窑台的高土堆，和上面的那所很小的房舍。车子再往

▼ 骡轿（约1918年）

前走，一股车道从窑台东角下转过去，弯弯曲曲，都是弧形的路。如果是夏秋之际，芦苇丰茂的时候，从路两面望去，只见都是密密的芦丛，如在秋深芦花白了的时候，那就更是可观。但是鲁迅先生来的时候，是阳历五月下旬，正是春末夏初之交，两面芦塘的芦苇还没有长起来，这样就没有兼葭苍苍的气势，看到的：低处是一片片的芦塘，和出水不久的新芦；高处则是一片片的坟地，荒冢累累，星罗棋布。在这中间有几棵刚吐嫩叶的病树，左不过是酸枣、洋槐之类。骡车先往东南，兜一半圆，折而西南，先看见几个荒坟边的断碑古碣，再往前看，就是古树杈丫，簇拥着一个高台，台上一座古庙，这就是有名的陶然亭了。庙门朝东，南门前一株老槐树，先生来时，正是老槐吐嫩绿新叶的时候。前人诗云"老树着花无丑枝"，老槐在春末夏初吐新叶的时候，也是十分妩媚的。杈丫的老干，蟠曲的枝柯，一簇簇的嫩叶闪着绿茸沐浴在暖暖的阳光中，连挂在树上的蛛丝都能看见。

先生和许寿裳先生坐的骡车，在车把式的吆喝声中带住骡子，停在庙门下。二位先生下了车，盘腿坐车久了，先活动一下腰腿，然后在许寿裳先生的带领下，顺着宽敞、坡度不大，但却相当高的台阶慢慢上去，一边走，一边打着乡音谈论着。上到门前，先看看那块江藻写的"陶然"二字的古旧的大匾，然后进入院内，在主持僧人的接待下，随意游览一番，立在院中的老柏树下面，听听和尚介绍那个辽代经幢的情况。然后到西院，也就是真正陶然亭的那几间朝西的敞轩上，眺望一番：看看远处的西山，南面的城阙，栏杆外面的野水、新芦，苍苍茫茫，青青翠翠，是一派陶然亭春末夏初的风光，也自有其宜人的情趣。陶然亭最好的时候，是所有芦苇全部长起来的时候，这种景色，过去有两句很有名的诗句来描绘。道光时福州梁章钜《楹联丛话》记云：

　　京师陶然亭，康熙年间水部郎江（藻）所建，取白香山诗"一醉一陶然"之语为额，百余年来，遂为城南觞咏之地。戴菔塘（璐）《藤阴杂记》中，载沈东田方伯游陶然亭，以楹帖"慧眼光中，开半亩红莲碧沼；烟花象外，坐一堂白月清风"为韵成诗，书壁间。余寻之，不得其处。而联语实未佳。惟有旧联云"窗前绿树分禅榻；城外青山到酒杯"，亦是常语。窃谓曹慕堂宗丞（学闵）"穿荻小车疑泛艇，出林高阁当登山"二句脍炙人口，便可移作楹联矣。

梁章钜是清代联语专家，这则记录，不但记载了陶然亭的楹联掌故，而且记录了著名的诗句，"穿荻小车疑泛艇"，写得是十分形象的，非身历其境者不能体会。鲁迅先生所坐骡车，车帷之上，左右都有玻璃小窗。坐在车里，从小窗望出去，车下的路很狭，看不见，只看见两面芦塘中的野水和芦芽，这情景，不是很有些像坐乌篷船从野浜中穿过吗？

城角人家墟墓间

陶然亭之二

查慎行《敬业堂诗集》中，有四首提到陶然亭的诗，其中有一首诗题是《从刺蘼园步至陶然亭》，诗云：

> 未觉年衰身脚顽，意行随步有跻攀。
>
> 雨余天气晴和候，城角人家墟墓间。
>
> 柏子庭空移白日，荻苗水涸转苍湾。
>
> 此来直与孤亭别，贪得凭栏一晌闲。

这是初白老人晚年的诗，写得十分淳厚。刺蘼园就是刺梅园。《京师地名对注》云："刺梅园，右安门内，近黑龙潭，为士大夫游宴之所。"乾嘉时戴璐《藤阴杂记》也说："城南刺梅园，士大夫休沐余暇，往往携壶榼，班坐古松下，觞咏间作。"可见当时刺梅园和陶然亭一样，均是南城游宴胜地。这首诗所描绘的景物，看得出也是春末夏初、荻苗初出水的情况。这时在陶然亭凭栏闲望，可以看见"城角人家墟墓间"，使我们看到，在康熙末年，陶然亭一带，就有不少坟墓了。主要是这一带，虽说还在城里，但僻处城隅一角，比城外各关厢的通衢大路偏僻，所以后来这里的荒坟一天比一天多。到鲁迅先生来游览时，庚子之乱刚刚过去十来年，在庚子混乱中，北京当时死于非命的人实在不少，许多穷苦劳动人民，都埋在这一带的义冢中，俗名"南下洼子"。还有旧时代一些沦落烟花、被蹂躏而死的妓女，大多也埋在这一带的乱坟中，所以陶然亭一带的荒坟场，说起来是十分凄惨的。

前文说过，在由八角琉璃井通往陶然亭的路上，有一个过街楼式的小庙，俗名"江南城隍庙"。按《燕京岁时记》所载：江南城隍庙，在正阳门外，南横街之东，还有什么城隍行宫，是很大的。但后来人们却把这个小而破的过街楼当成江南城隍庙，每年清明，由这里开始，一直到陶然亭，一路上全是飞扬的纸灰，凄凉的野哭，这时陶然亭当然不只是"城角人家墟墓间"，简直是被孤魂怨鬼所包围了。近人大雷欮公所编《续都门趣话》中收有恼尘作的几首《都门清明竹枝词》，其中说到江南城隍庙一首的注解云："值清明节，都门旧俗，例往邑庙拈香，求神庇佑，颇极一时之盛，而妇女尤诚。"说明当时这个小庙的香火是很可观的。记得当年去陶然亭时，每次经过这个过街楼的小庙，都能看见上上下下挂满了红布、黄布写的烧香还愿的类似匾的东西，俗名叫"挂袍"，写着什么"有求必应"等词语，十足显示了某些善男信女的愚昧和迷信的程度，这种似宗教非宗教的虔诚，实在是可厌而又可悯。

《都门清明竹枝词》中有一首写义冢的诗有句云："荒冢累累触眼惊，生刍一束泪盈盈。"并注道："邑庙一带，荒凉寂寞，为城外义葬之所，断碑残碣，卧没于荆棘泥壤间，在在引人悲戚。"可想见这一带当年的荒凉情况。本来乱坟场是不会有人来给树丰碑的，怎么又有断碑残碣呢？这有两点：一是义冢的所属部门立的，如什么梨园公所、钱业公所等等，给这一行中的贫苦无告的同业人员死后准备的义地，立个石碣来标明行业。二是一些"名墓"的大小石碣、石碑，也有历史上留下来的，也有后来增添的。坟墓也有"名墓"，这也是名胜古迹常有的，如西湖上西泠桥边的苏小小墓、苏州虎丘山下的真娘墓等等。过去的陶然亭，也是以几座"名墓"而著称的。是些什么墓呢？先看

▶ 荒凉的陶然亭（约20世纪初）

一首《都门清明竹枝词》：

> 香厂蟠桃莫漫夸，黑窑游履斗纷华。
>
> 谁知芳草香妃墓，却在荒凉南下洼。

诗下并注云："邑庙在南下洼，与陶然亭畔之香妃冢，相去密迩，踏青于此者，竟不知有古迹，良堪浩叹。"

这就是陶然亭的第一座名坟。不过诗的作者弄错了，陶然亭的这座是"香冢"，而不是"香妃冢"。香妃是清代乾隆的著名的维吾尔族妃子，同陶然亭的香冢全无关系。陶然亭"香冢"，又名"蝴蝶冢"，在陶然亭门前高台阶下面东北方向的高地上，坟头很小，其出名在于墓前的一座石碣。这个石碣，既无任何款识和署名，又无年月，只刻着一段很神秘的韵语作碑文。文云：

> 浩浩愁，茫茫劫；短歌终，明月阙；郁郁佳城，中有碧血。碧亦有时尽，血亦有时灭，一缕

香魂[1]无断绝。是耶？非耶？化为蝴蝶。

　　因为碑文中有"香魂"二字，所以俗名"香冢"；又因有"蝴蝶"二字，所以又叫"蝴蝶冢"。据李慈铭《越缦堂日记》说：是同治时御史、丹阳人张春陔为悼念曲妓茜云所作。张名盛藻，光绪初年，曾出任过温州府知府。据碑文稍加分析，可以很明显地看出原文，并无多少不可理解之处，越缦老人所说，自是实情。张春陔是御史，这种文字自不能署名。只是后人来凭吊，不尽了解个中情况，看上去这没头没脑的碑文，便产生出许多猜测和遐想，众口纷纭，越说越神秘，便莫名其妙地扯到香妃身上，甚至写出"谁知芳草香妃墓，却在荒凉南下洼"的诗来。

　　陶然亭第二座名墓是醉郭坟。这座坟在香冢的北面，只知死者姓郭，绰号"醉郭"，真实姓名就不知道了。据说在庚子前后，天桥一带，有个姓郭的人，平日天天喝酒，喝醉之后，借着酒疯，在天桥热闹的地

1　据碑文拓印，"香魂"应为"烟痕"。——编者按

方，使酒骂世，大声评讲时事，大骂洋人，听众很多，这样在天桥一带就出了名。因为不知道他的名字，所以人们送他个号叫"醉郭"。这个人无家无业，光身一人，每天在天桥一带，就靠使酒骂世来吸引听众，讲完了多少讨几个钱再去喝酒，似乎是个托迹醉乡的有识之士。死后没有后人，人们便把他埋在陶然亭下，做了一个坟，也刻了一个墓碑，上写"醉郭墓"三字，供游人凭吊，至于其他，则没有人知道了。

陶然亭第三个名墓，是赛金花坟。不过这是很晚的事了。赛金花同陶然亭有些关系：一是樊增祥所写的《彩云曲》的石刻，原来一直是镌在陶然亭西部敞轩的墙上；二是赛金花晚年，生活潦倒，在离开陶然亭没有多少路、天桥西面的陋巷破屋中，住了不少年；三是赛金花死后，后来由做过大汉奸的潘毓桂出面理丧，给她埋在陶然亭下，香冢东面的一块荒坟地上，做了坟，立了一通人造金刚石的碑，上面题字曰"魏赵灵飞之墓"，字是张伯英写的，抑是张海若写的，就记不清楚了。

陶然亭的这三座名墓，早就没有了。在陶然亭畔的许多坟墓中，还有一座与先生稍有关系的，那就是"石评梅墓"。石评梅是山西人，也是先生在女师大教书时的学生。先生一九二六年八月二十六日离开北京时，她也曾到车站来送行。这天的日记云：

> 子佩来，钦文来，同为押行李至车站。三时至车站，淑卿、季市、有麟、仲芸、高歌、沸声、培良、璇卿、云章、晶清、评梅来送，秋芳亦来，四时二十五分发北京……

石评梅当时也是很有前途的一位女作家，可惜去世很早。去世后，她的亲属也把她葬在陶然亭的东北面，并立了一个墓碑，离开陶然亭较远，但在大道边上。去陶然亭，在路上经过时，总能望到她的那个不大的墓碑。后来改建公园，就不知迁葬到哪里去了。

"城角人家墟墓间"，从康熙年代开始，便是陶然亭的风景特征。足足二百多年，直到五十年代初，才彻底改变了这种面目。

钓鱼台骑驴

先生定居在宫门口西三条之后，这里地址比较偏西，已近西城根，距阜成门很近。阜成门外有个游览的地方，就是钓鱼台。先生一九二五年四月十一日记道：

下午同母亲游阜成门外钓鱼台。

一九二六年三月七日又记道：

星期。晴。下午小峰来交泉百。季市来，同品青、小峰等九人骑驴同游钓鱼台。

先生在两年中，乘兴游春，连去两次钓鱼台，情绪都很好，尤其第二次，骑驴去钓鱼台，更是十分怡神的了。

按，阜成门外钓鱼台最早原是金代的行宫，名"同乐园"，又名"鱼藻池"，有股泉水平地涌出，冬夏不竭。元代叫作"玉渊潭"，清代之后，这里还有一所行宫。乾嘉之际，清朝封建皇帝一年大部分时间都住在圆明园，每当要进城到先农坛、天坛举行祭祀时，銮驾队伍不进西直门，而是一直往南走，到钓鱼台行宫休息吃饭，然后再起身往南，由彰仪门进城，直接到天坛等处举行典礼，或由阜成门进城回宫，总之这个行宫似乎是一个旅途打尖的地方。行宫外面，有空旷的地方和一片积水，在清代时已成为游赏、玩乐的地方。曼殊震钧《天咫偶闻》云："钓鱼台俗名望海楼，即金代同乐园，又名鱼藻池，今为行宫。每岁中元节日，游人多聚此，名为观河灯，实无灯可观。"富察敦崇《燕京岁时记》道：

钓鱼台在阜成门外三里许，有行宫一所，南

向。每届重阳，长安少年多于此处赛马，俗称曰"望海楼"。

文后又引《日下旧闻考》云：

钓鱼台在三里河西北里许，乃金主游幸处，台前有泉从地涌出，冬夏不竭……元时谓之"玉渊潭"，为丁氏园池。国朝乾隆二十八年，浚治成湖，以受香山新开引河之水。复于下水口建设闸座，俾资蓄泄，湖水合引河水，由三里河达阜成门之护城河。三十九年，始命修建台座，御书"钓鱼台"三字悬之台西面，故凡祇谒西陵及由园致祭天坛时，必于此用早膳焉。台左有养源斋、潇碧亭诸胜。

鲁迅先生去时，这所行宫已经残破。[1] 当时人们喜

1　民国初年，溥仪将颐和园赐予外国师傅英国人庄士敦，同时把钓鱼台行宫一度赐予中国师傅闽人陈宝琛。近承潘渊若老先生见告：陈宝琛在这里请过客，潘老先生其时很年轻，但因为是某巨公的家庭教师，当时仍按旧习惯，尊重西席夫子，所以在请某巨公的同时也请了潘。据说当时里面并不残破，稍事打扫，即可宴客看花。鲁迅先生去时是民国十五年，在溥仪出宫二年之后。

欢秋天去，钓鱼台上十分高敞，可供登高眺望。二十年代末所编民社《北平指南》谈到九月九日"居民率多提壶携榼出郭登高"时，就把钓鱼台列为第一个去处，可见在当时也是十分知名的场所了。阜成门外的名胜，再早还有真觉寺。《日下旧闻》引《北京岁华记》道：

> 九日集无定所，而阜成门外真觉寺金刚宝座，游人为多。市上卖糕人，头带吉祥字。霜降后斗鹌鹑，笼于袖中，若捧珍宝。

还有天主堂和郎世宁的墓。邓之诚《骨董琐记》中还记录了墓碑原文，文字是右面汉字，左面拉丁文。汉文云：

> 耶苏会士郎公之墓。乾隆三十一年六月初十日奉旨：西洋人郎世宁，自康熙年间，入值内廷，颇著勤慎，曾赏给三品顶戴，今患病溘逝，念其行走年久，齿近八旬，着照戴进贤之例，加恩给

与侍郎衔，并赏内府银三百两，料理丧事，以示优恤，钦此。

先生第二次去钓鱼台，是和朋友们一共九个人骑驴去的。骑驴的事，要由当时的骑驴游山说起。当时北京城里人把出城骑小驴当作一桩十分有趣的娱乐。正月里出阜成门、西便门、广安门骑驴逛白云观；春三月里，在香山脚下骑驴游樱桃沟；秋天在阜成门边骑驴逛西山；在香山脚下，或在西直门外骑驴游香山、看红叶，这都是当年最吸引人的胜游。这种驴叫作"脚驴"，城里和城外都有，是那时最廉价的一种交通工具。光绪《都门纪略》中《脚驴》诗云：

一城三里踏沙尘，十个猴头受雇缗。
来往最多天下士，也应驮着作诗人。

"十个猴头"就是十个小钱，价钱是便宜的；雇它的人都是一些穷书生，所以作者以"天下士""作诗人"来嘲笑。到了后来，城内交通工具发达，便都退到城外去了。在西郊、北郊尤其是山区一带，还是重要的交通工具；而近城一带，则同时也变成一种娱乐的工具了。民社《北平指南》介绍"脚驴"的情况说：

脚驴：平市（按，即北京）四郊各城关，均有驴户，以供往返乡里之人雇用，其价目每里约需大洋一分。近郊穷苦农民，于农暇时，亦营此业。如遇郊外庙会开放时，虽云利市三倍，较之汽车、马车，终属蝇头小利也。

这种驴，都小得可怜，一抬腿就可跨上去。在和煦的阳光中，沿着阜外的黄土路，蹄声得得，铃声当当，先生们谈笑风生，小驴向钓鱼台小跑着，迎面吹着带有一些黄沙的北京特有的春风，这样的快游，在先生久住北京的十五年多的漫长岁月中，是没有多少次的。

宣南二寺

花事之一

　　北京，也是一个看花的城市，几百年来，每到春天，花事都是值得称道的。关于北京的花事，先生也是很注意的，在日记中留下一些看花、种花的记载。癸丑（一九一三年）五月五日记道：

　　　　下午同许季市往崇效寺观牡丹，已颇阑珊，又见恶客纵酒，寺僧又时来周旋，皆极可厌。

　　同月八日记道：

　　　　下午与齐寿山往戴芦舲寓，拟同游法源寺，不果。

同月十日又记道：

> 午后以法源寺开释迦文佛降世二千九百四十
> 年纪念大会，因往瞻礼，比至乃甚嚣尘上，不可
> 驻足，便出归寓。

这三条日记都记录了先生当时看花的兴致，只可惜都是乘兴而去，败兴而归。

五月五日，阳历重五，正是先生到北京的一周年，从节令讲，时方谷雨、立夏之交，正是看花的好时候。当时城里中央公园、北海公园都还没有开放，在南城一带，最有名的赏花胜地就是崇效寺和法源寺了。法源寺在南横街七井胡同内法源寺街上，崇效寺在白纸坊西北崇效寺街，离开先生所住的南半截胡同山会邑馆都不远。如去法源寺，出南半截胡同到南横街，往西一拐，不多几步就到，真可以说是近在咫尺。如去崇效寺，那便再往西，经过圣安寺，穿过一条叫枣林前街的陋巷，再斜着落荒过去，就到崇效寺的山门

前，大约也不过三里之遥吧。这两座庙，就规模讲，都不是顶大的，崇效寺尤其小，只不过是一座佛院而已。但其名气则远远超过其规模，名气的得来，主要是因为花事：牡丹、海棠、丁香，这些缤纷的春花，把释迦的佛法都压下去了。试翻清代乾嘉以来各家的诗文集，几乎家家集子中都有法源寺、崇效寺看花的诗篇，却没有礼佛的忏文，这便是明证了。如果把这些诗，汇编一下，是会成为一部很大的专集的。先征引一点资料，看看历史上法源寺和崇效寺的花事情况吧。试看《林则徐日记》，嘉庆二十一年四月初六日记道：

> 上午偕兰卿赴文远皋师家，出城后顺途拜客，并到法源寺看丁香、海棠，即回。

同年四月二十一日记道：

> 上午偕兰卿出门拜客，顺到崇效寺观牡丹。

林则徐当时在北京翰林院做庶吉士，住家在虎坊桥粉坊琉璃街，其地在山会邑馆东面约二里之遥，也是昔时所说的"宣南寓客"，离这两座庙也不算远，顺途看花，亦可想见冷京官忙中偷闲之乐趣。嘉庆二十一年，是公元一八一六年，去鲁迅先生看花时，早在九十七年之前，举其成数，这在当时，也已是百年前的旧事，可以看出法源寺、崇效寺以花事闻名于都下的历史是多么地悠久了。这些自然都是鲁迅先生早已知之甚稔的，所以兴致勃勃地去观赏了。

昔时的庙，有阔庙和穷庙之分。这两座庙，法源寺是阔庙，崇效寺是穷庙，反映在先生日记中，其不堪处，也就因穷富而异了。一是做大佛事，人太多，不可驻足；一是平日冷落，全靠花期看花人来，得点布施，所以时来周旋，以讨好游客，这都大大地影响了先生的兴致。

法源寺在清代有不少著名文人同它发生过关系，如著名短命诗人黄仲则，就在这庙里住过不少年。洪亮吉《法源寺访黄二病因同看花》诗说道：

长安城中一亩花，远在廛西法源寺。

故人抱病居西斋，瘦影亭亭日三至。

随后又道：

法源寺近称海棠，崇效寺远繁丁香。

这均可见两庙那时花事的情况。其时是乾隆辛丑，
即一七八一年，比林则徐看花又早三十五年了。法源
寺庙大，香火一直很盛，佛门大法事常在那里举行，
如鲁迅先生所记纪念释迦诞生的这样大会能在这里举
行，可见它在当时北京几百所寺庙中的地位了。花事
也是不断变化的，在黄仲则时以海棠著名的法源寺，
到鲁迅先生去时，最值得一看的只是丁香了。它的佛
殿也并不雄伟，不过建筑较精致、整齐。院中全是一
行行、一丛丛的紫丁香、白丁香，如果是在人少的时
候去，在花丛中，透过和煦的阳光，看着飘忽的游蜂，
在淡淡香雾中飞来飞去，虽然是在佛寺中，但也感到
熏人的春光会像酒一样的香醇。可惜鲁迅先生在举行

盛大佛会的时候去，把看花的诗心完全搞乱了。

说到崇效寺，洪亮吉《卷葹阁集》中也有一首崇效寺看花的七古，其中有几句说："门前见树尤绝奇，屋畔无枝不娟好……海棠无言压桃杏，莺声不来空昼永。寻廊万点白参差，恍若银河泻星影。闲心爱看日午花，采色讵似残春葩。"这是二百年前的崇效寺的花事图景，当时是以丁香、海棠著称的，所以诗中有"万点白参差"的描绘。可是后来崇效寺丁香凋零，牡丹葱茂，独以牡丹著称，洪亮吉诗中的旧景，就剩下那句"门前见树尤绝奇"的故国乔木楸树了。楸树开花晚，每当牡丹阑珊的时候，它才缓缓着花。

鲁迅先生去时，那里正是牡丹阑珊、楸树发花的时候吧。崇效寺的牡丹圃，在大殿的西北角上，顶多也不过三分地。由破旧的山门进去，斜穿过正殿前的院子，转过正殿西山墙，就到花圃了。有一两株墨牡丹、一两株淡绿色的牡丹，都是非常名贵的品种，可惜后来培养不善，没有多少年，都进入半枯槁的状态，崇效寺的牡丹渐渐被人们遗忘了。

先生虽然离得近，但却只去过这两回。其后城里中央、北海等公园相继开放，都广植丁香、牡丹、海棠、桃花等春花；稷园花事，渐渐望名遐迩，把南城古老的法源寺、崇效寺的花事代替了。鲁迅先生年年春天的游踪，也多在中央公园茶肆间。来今雨轩边的大片的牡丹畦，堆锦铺绣，其气象远非崇效寺的小小花圃所能比拟了。

▼ 中央公园的芍药（约1941年）

龙泉寺简述

《鲁迅日记》壬子（一九一二年）十月十五日记有"访游观庆于龙泉寺，不值"一语，这龙泉寺也是宣南名寺，且与近代史极有关系，因略作介绍，附于"宣南二寺"之后。

过去在北京南城陶然亭西北两面，地势低洼，聚着一汪水，叫作"野凫潭"，春秋两季，常有野鸭子出没，十分寥廓萧索。潭的北面，有一座很大的庙，就是"龙泉寺"。龙泉寺的东面，还有一座庙，叫"龙树寺"，以有一棵明代的龙爪槐而著名，和龙泉寺紧邻，中间只隔开一条小胡同。二寺都是文人学士游览的胜地，在各家著作中记载很多。但是只据文献编撰，没有实地调查过的人，常常把这二寺混淆起来。著名的曼殊震钧的《天咫偶闻》中，就把这两座庙弄混了。他记道：

> 其北为龙泉寺，又称龙树院，有龙爪槐一株，院以此名。

实际"又称龙树院"的是龙树寺，而非龙泉寺。这点李慈铭记得十分清楚。《越缦堂日记补》同治元年九月初九日记云：

> 独行至南下洼子游龙泉寺，观壁间石刻唐人所书《金刚经》。进至丈室，观寿山石十六尊者像，赞叹莫名，他日南返，得重建绛跗阁，当力购此归供也。出，访龙树寺，车马甚喧，登看山楼，座客已满，酒肉重午，略一倚栏，啸咏而下。将访陶然亭，以夕照渐西，遂返。独饮时丰斋，尽药酿一注子，醺然而归。

据越缦堂所记，可知当时这三处的情况，当时龙泉寺、龙树寺都是十分热闹的。李慈铭是鲁迅先生祖父介孚公的同时人，又是绍兴小同乡，当时还有绍兴名人赵之谦亦在京。李、赵二人互相诋毁，成见极深。同治十年张之洞约潘伯寅大会京都文士于龙树寺，想调解他们二人的矛盾。张致潘函云：

> 四方胜流，尚集都下，不可无一绝大雅集，晚本有此意。陶然亭背窗而置坐，谢公祠不能自携行厨，天宁寺稍远，以龙树寺为佳。

这次胜会就在龙树寺，有二十多人参加，都是一百多年前有名的学者，如发现甲骨文的王懿荣、大经学家孙诒让、大诗人王闿运等；并由无锡秦炳文绘图，湘潭王闿运作诗，南海桂文灿作记留念。这是百年前龙树寺最有名的掌故。

其后数十年，一九一四年一月份，袁世凯囚禁章太炎先生，从火车站把太炎先生劫持回来。太炎先生到总统府找袁理论，袁避而不见。太炎先生手持羽扇，以大勋章作扇坠，在总统府承宣处大闹，梁士诒来接待，被先生斥之去。后被陆建章带宪兵警察十余人逼迫，先至军事教练处，后至龙泉寺。袁之警察总监吴炳湘派暗探多人充门房、厨役等监视。幽居龙泉寺之第二日，袁世凯派其子袁克定来送被褥，被先生掷弃怒斥而去。刘禺生《洪宪纪事诗本事簿注》云：

> 先生移居龙泉寺之翌日，袁抱存亲送锦缎被褥，未面先生。先生觉窗隙有人窥探，牵帷视之，抱存也。入室燃香烟，尽洞其被褥，遥掷户外，曰："将去！"

太炎先生一九一四年二月二十一日家书云：

> 吴炳湘迁我于龙泉寺，身无长物，不名一钱，仆役饮食，皆制于彼，除出入自由外，与拘禁亦无异趣，"下床畏蛇食畏药"，至此乃实现其事矣。

六月初，太炎先生在龙泉寺进行绝食斗争，"槁饿半月，仅食四餐"。六月十六日由龙泉寺迁至东四本司胡同铁如意轩医院。七月二十四日租定东四北钱粮胡同寓所，迁入新居。《鲁迅日记》甲寅（一九一四年）八月二十二日记云：

　　午后许季市来，同至钱粮胡同谒章师，朱逷先亦在，坐至旁晚归。

　　这就是这时的事了。龙泉寺、龙树寺后来都在。一九二九年，如皋冒鹤亭氏尚有《春日独游龙泉寺，遂至龙树院、陶然亭》诗。现在其寺址及房屋尚有存者。

盆梅和花树

花事之二

　　先生多年住在会馆中，山会邑馆的补树书屋，院子里有浓荫荫屋的古槐，却没有花木。一九一九年先生买好八道湾的房子，修好后年底搬了进去，并把老人和家人接了来。同事们可能知道先生非常爱花吧，便送了鲜花来给先生温居。一九二〇年一月十七日记道：

　　晴。上午同僚送桃、梅花八盆。

　　这年阳历一月十七日是旧历十一月底，时交三九，正是冰天雪地的严冬，突然送来这样八盆鲜花，在晴光高照、暖日当窗的时候，在炉火热气熏蒸的暖室中，自然明艳动人，香气四溢，精神为之一爽。先生日记中虽然只是简单的一笔，但当时围炉对花之情景是可以想见的了。

　　人常把松、竹、梅列为岁寒三友，但在北京，这样说却不无问题。北京冬天天冷，松树在户外，自可挺霜傲雪，苍劲依然；大毛竹在北京不能生长，小丛竹在户外还勉强可以过冬；独有梅花，在北京如种在户外，是无法过冬的。多少有心人，想弥补这一缺欠，辛辛苦苦从江南运来树苗，精心培育，把它种在房中地上，号曰"燕梅"，后来也还是失败了。词人张丛碧也下过这番工夫，在《凄凉犯》一词小序中说："故都寒沍，梅种难活。去岁江南归来，栽取四株，种植庭前，只活一本，纸窗草荐，勤加护持。"而那一本，后来大概也是九死一生，徒劳无功了。说来很简单，就是梅花开花时，在江南正是春节前后，腊梅还早一些，头、二九就可开花，而这时北京地还冻着，冻土一般在二尺多厚，平均温度再暖也在零下五度左右，因此在这种条件之下，在户外无论如何是没有办法种梅花的。鲁迅先生迁居时，人家送给他的八盆桃花和梅花，都是在花窖子里熏培的，即所谓的"唐花"或"莳花"。

当时北京城里花铺、俗名花厂子很多，冬天卖的梅花、碧桃、山茶、迎春、水仙、兰花、金橘，以及后来外国人需要的一品红、小雪松等等，样样都有。他们卖出来的梅花，一般都是接枝的。都是在春天把梅桩上的嫩条剪下来，再用插枝法嫁接到从山里掘来的小株山刺梅等树根上，再把嫩条弯成各种弧形，蟠来蟠去，一入冬，就放在花窖中熏培，等到一过冬至，就陆续上市，枝上花蕾很多，含苞待放。虽说都是龚定盦《病梅馆记》中所说的那种"病梅"，但初买来时，第一个冬天却开得十分烂漫；养到隔年，第二冬只能开三五朵，第三冬自然就更少得可怜了。这倒不是因为一般人不会培育，主要是因为它的根原本不是梅花。当时在花铺中自然也能买到真正的盆栽梅桩，但那价钱比一般盆梅要贵出好几倍。而一般送礼的梅花、碧桃，则都是嫁接熏培的，又好看，价钱又不贵，送给人家，在寒冬腊月中，顿添无限生气，这正是花厂子的生意经。

北京过去花农都在丰台一带，其熏培唐花的技术，远自宋时武林，后来是从明代就传下来的。《日下旧闻》引陆启浤《北京岁华记》道：

> 腊月束梅于盎，匿地下五尺许，更深三尺，用马通燃火，使地微温，梅渐放白，用纸笼之，鬻于市。小桃、郁李、迎春皆然。

王渔洋《香祖笔记》记道：

> 宋时武林马塍藏花之法，纸糊密室，凿地作坎，覆竹，置花其上，粪土以牛溲硫黄，然后置沸汤于坎中，候汤气熏蒸则扇之，经宿则花放，今京师园丁亦然。

他在《居易录》中又说：

京师冬月，养花者多鬻牡丹、芍药、红白梅、碧桃、探春诸花于庙市。其法：置花树于暖室地炕，以火逼之。

以上这几则都是那时北京唐花的资料，人家送鲁迅先生的桃花、梅花就是这样培植出来的。王渔洋说得有些神奇不清，而所说冬月芍药也不实。因为玫瑰和芍药二花，不能熏培，一定要等到春天按季节开花。所以富察敦崇《燕京岁时记》中说："是二花者，最为应序，虽加以爁煴之力，不能易候而开，是亦花中之强项令矣。"渔洋老人所记，未注意到这点，是欠细致了。按，早年在丰台农村所见的花窖子大体是这样：方向一律面南偏东，后面土坯厚墙，顺墙挖沟，留好火道，上面垫土，做成台阶一样的坎，在上面分层培植。棚顶用高粱秸，上面再抹泥，后低前高，一可多取阳光，二可减少风势。那时玻璃贵，花农自然用不起。前面朝阳一面，柱子间，一律用高粱秸扎成窗棂，全部糊旧账纸。两面山墙上留门，一头砌有地灶，生火，热气经过火道，由另一头烟囱出去。装火的一头，埋有大粪缸、水缸。粪缸无盖，气味外熏。顺土坎所种植的各种花苗、菜苗，根部不少都培着干马粪。冬天到花洞子中去，一拉草门，便迎面扑来一股热气，混合着花香、粪味、青草气、泥土气的一种特有味道，里面自是温暖如春，枝叶扶疏，似乎有点进入童话世界的境界了。

冬天鲜花出窖，搬运进城上市时，要放在特别的里面用东昌纸糊好的大柳条篓中，口上再盖上棉被，这样鲜花在路上才不会冻坏。

丰台一带花农培育出来的盆花、草花、树苗等等，都要在城里的花铺出售。当时东城隆福寺、西城护国寺的花厂子最大，富察敦崇《燕京岁时记》说："两庙花厂尤为雅观，春日以果木为胜，夏日以茉莉为胜，秋日以桂菊为胜，冬日以水仙为胜。"这些花厂出售各种鲜花、盆花；春天还包种各种花木，给人家包种花木是笔大生意。鲁迅先生买好八道湾房子后也种过不少丁香、榆叶梅之类的花树。一九二三年四月盲诗人爱罗先珂回国，濒行正是种树季节，还在八道湾种了一株棘梅以留纪念。这些花树，该是相隔不远的护国寺花厂所种的吧。

先生后来搬到西三条，也还种了不少花木。一九二五年四月三日记道：

云松阁李庆裕来议种花树。

同月五日记云：

云松阁来种树，计紫、白丁香各二，碧桃一，花椒、刺梅、榆梅各二，青杨三。

五十多年过去了，这些花树昔年如果未被砍伐，应该早已亭亭如盖了吧！每到春来，缤纷烂漫，枝叶扶疏，一派朝阳照耀下，先生的精神音容，也是永驻其间的了。

中央公园

在北京的风景名胜中，鲁迅先生去的次数最多的，恐怕要数中央公园了吧？有的时期，甚至于是天天去，如一九二六年七月间与齐寿山先生合译《小约翰》时，就是每天到中央公园译书的。七月六日记云：

> 下午往中央公园，与齐寿山开始译书。

七日、八日及以后一些日子里，都记着"下午往公园"或"午后往公园"。那时北京有个习惯，即在口语中，说"公园"就指中山公园，而说到北海公园时，则只说"北海"，那"公园"二字照例省略。这样二者也不会混淆了。不过这里还有一个问题，即鲁迅先生日记中，一律记作"中央公园"。如一九二九年五月由上海回北京（那时已叫北平），二十日记云：

> 赴中央公园贺李秉中结婚，赠以花绸一丈，遇刘叔雅。

二十四日又记：

> 上午郝荫潭、杨慧修、冯至、陈炜谟来，午同至中央公园午餐。

这里记的都是"中央公园"。同一时期，而《两地书》所收五月二十三日许广平信中则云："李执中君五月廿日在北平中山公园来今雨轩结婚，喜柬今天寄到了。"这里又写中山公园。这就说明这时已改名为"中山公园"了。而鲁迅先生还习惯民国初年的旧叫法，所以一直写作"中央公园"。如有人要编写北京的公园史，以出售门票，向广大市民开放，任人参观为公园的标准，那么万生园是第一所公园，中央公园就是第二所公园了。

在《鲁迅日记》中，有关中央公园的记录是很早的。乙卯（一九一五年）八月七日记云：

> 前代宋子佩乞吴雷川作族谱序，雷川又以托白振民，文成，酬二十元，并不受，约以宴饮尽之，晚乃会于中央公园，就闽菜馆夕餐，又约季市、稻孙、维忱，共六人。

这则日记，距今已六十六年，自然公园的筹建和开放，又在这则记载之前了。公园筹建开放时，因其地处北京中心，又是首善之区的公园，所以名为"中央公园"。民国十四年中山先生逝世，在公园大殿开追悼会。后南京紫金山陵园修成，总理奉安追悼会也在公园大殿举行，因此改中央公园为中山公园，名大殿为"中山堂"。而在筹建公园之前，这里原是封建时代的社稷坛。所以改为公园之后，一般好古之士又称之为"稷园"。

这里的环境现在大大不同了。鲁迅先生去公园的时候，还是北京有"皇城"的时代，即在内城里面，还有一套皇城。不是现在还有东西皇城根的地名吗？那就是皇城的遗址。皇城在天安门前伸出很长的一条引路，其南端是明代的大明门，清代的大清门，辛亥后叫中华门。这是象征"国门"的门，也就是皇城正南面的正门。从中华门笔直走到天安门，天安门坐北面南，其左面是太庙，其右面是社稷坛。当年这两处

▼ 皇帝出大清门上坛（约20世纪初）

南面都没有门，都是一派红墙，其门都在天安门里面，都是起脊殿宇宫阙式门庭，太庙门向西开，社稷坛门向东开。南端有"社稷街门"五楹，北面有"社稷左门"三楹。这里原是明清两代祭社稷的地方；园中心五色土即"社稷坛"，是国家政权的象征。辛亥后，民国改元，共和体制建立，再不祭社稷，这里就闲置了。

辛亥革命之后，按照南北军代表会同订立的"清皇室优待条例"，宣统等人应该迁移到颐和园居住。可是一直拖延着没有实行。因之皇城内、天安门里面仍为禁区，一般人还不能进去。民国二年（一九一三）三月，光绪女人隆裕太后叶赫那拉氏（西太后侄女，死时名义上是溥仪嫡母）死了，在太和殿停灵，大出殡，一帮当权的遗老和袁世凯之流，说她对民国有"让国之德"，便要北京市民入内自由参拜。这时任职交通总长的贵州朱启钤氏，担任丧事的照料指挥事宜，入天安门里面及太庙、社稷坛两处巡视，觉得社稷坛内古柏参天，地点适中，不加利用，十分可惜，便想把这里改建为公园。这一年冬天，朱氏调为内务总长，正赶上不久热河避暑山庄古物运到北京，无处安置，朱氏便和清宫内务府交涉，将三大殿以南划归北洋政府管理，清宫的人不再走前面，只从后面神武门出入。这样在朱启钤氏的倡导下，联合了北洋政府的一些官僚，于一九一四年秋天，就筹备开办改社稷坛为公园的事了。

社稷坛未改为公园之前，是个什么样子呢？原来全园的建筑物是很少的。中心是五色坛，五色土是中黄、东青、南赤、西白、北黑，土在清代是由河北省涿、霸二州（今涿县、霸县），房山、东安二县按例每年运一些到太常寺（清机关名）备用。土中心埋一斜顶方石曰"社主"。坛北为"拜殿"，即现在的中山堂。堂北为"戟门"，在清代列戟七十二枝；开辟为公园后，这里改成通俗图书馆，戟则不知何处去了。《鲁迅日记》丁巳（一九一七年）八月二十一日记云："晨小雨。公园内图书阅览所开始，乃往视之。"说的就是这里。另外是后面的"祭祈御道"。清代祭社稷，皇帝出午门右转，出阙右门，由御道入坛北戟门至拜殿前行礼，是由北往南来，不是由南往北，所以拜殿盖在坛北。当年公园西南角，即现在水榭、长廊、假山一带，是用高墙围起来，坛户（看守社稷坛的世袭人员）养牛羊的地方。可以说在当时这里是紫禁城边上的一个死角。那时除此之外，其他什么也没有，只剩下郁郁苍苍经历了元、明、清三代的老槐和柏林了。《中央公园二十五周年纪念册》记开创之前的情况说：

稷坛古柏参天，废置既逾期年，遍地榛莽，间种苜蓿，以饲羊豕。其西南部分则为坛户饲养牛羊及他种畜类，渤溲凌杂，尤为荒秽不堪。

从这一小段记载中，可以想见当时的荒芜情况。中央公园开创于一九一四年九月间，先在南墙上，对着天安门右侧金水河上的石桥开一园门，同时太庙也开一假门，两面对称。开门后，即由大门开了一条石碴引路，先往北再往西至社稷坛南门，又修了一条环坛的马路，可以绕着坛墙在柏林中走一圈。那时九月间开门修路，于十月十日即正式开放，其间只用了一个月的时间，也可以说是很快了。刚开放的那些日子里，虽然柏林中还多是草莽瓦砾，没有后来的风景宜人，但当时还保存了社稷坛的老样子。

正在社稷坛开辟为公园的同时，也是朱启钤氏与清宫交涉、接管三大殿，在武英殿开办"古物陈列所"的时候，《鲁迅日记》甲寅（一九一四年）十月二十四日记云：

> 下午与许仲南、季市游武英殿古物陈列所，殆如骨董店耳。

当时教育部社教司和内务部在关于处理古物以及其他工作职权上有混淆的地方，如热河文津阁《四库全书》运到北京时，两个部就同时去取过，教育部要送到京师大学堂，内务部先走一步，领了来存到故宫文华殿。一九一二年教育部就计划改天坛为公园，这些事在《鲁迅日记》中均有记载。中央公园开办之初，属于董事会性质，段祺瑞、汤化龙、梁士诒等总理、官僚、财阀等都捐过钱，因而不算官办，一切事情都由董事会决定（过去园门内墙上有董事姓名刻石）。朱启钤氏自始至终是董事会会长，他当时有势力，又有钱，又精研古代园林建筑，是后来营造学会的会长，所以中央公园后来的各项土木建设，基本上都是朱氏亲自主持的。关于中山公园修建的历史，可说者甚多，这里且不作过详细的介绍，只约略提到一些。在开放后，其新建的建筑，主要是东面的行健会、来今雨轩、董事会、投壶亭、六方亭等，西南是水榭、唐花坞，西北是春明馆、绘影楼、上林春，属于前面全园范围的是进门后、向东西两面连接的长廊，东面直通到来今雨轩，西面则往南通到水榭，往西往北通到唐花坞、绘影楼。这些建筑的木料，主要拆除中华门里、东西两面千步廊的木料而改建的。

在这些建筑物中，值得一提的有这样几项：一是兰亭碑亭。过去圆明园中有八柱《兰亭》刻石及碑，其碑一面刻乾隆题诗，一面刻《兰亭修禊图》。修建中山公园，从圆明园废址中运取修假山的云片石时，将此碑运至公园，在绘影楼前建屋陈列，这是中山公园中著名的圆明园旧物之一。二是"青云片石"，原为圆明园时赏斋前物，有乾隆御笔"青云片"三大字及御题诗八首，后运到公园，陈列于来今雨轩之西。除此之外，尚有"搴芝""绘月""青莲朵"等石，亦均系圆明园旧物，均有乾隆题字。三是进大门后迎面之汉白玉蓝瓦牌坊，旧名"克林德碑"，后改名为"公理战胜坊"。一九〇〇年庚子义和团在北京时，德国总领事克林德被拳民在东单牌楼北面打死。其后侵略者逼着清室签订了丧权辱国的《辛丑条约》后，应德国人之要求，在东单北克林德被打死的地方，建了一座纪念牌楼。这座牌楼全部用京西房山出的汉白玉石料建造，上覆蓝色琉璃瓦，在艺术造型上是很好的。一九一八年欧战后，巴黎和会，中国也是战胜国。便把克林德纪念坊拆迁于公园中，改名为"公理战胜坊"，上刻"公理战胜"四字横匾。民国八年夏天迁建时，由参战督办段祺瑞亲自主持奠基典礼，参、众两议院议员及各国公使都来参加，大有群魔乱舞之势。当时公园还有一个特殊的东西，就是"监狱出品

▼ 拆迁克林德牌楼（1918年）

陈列处"。《中央公园纪念册》记云："民国八年由司法部主办，就坛内图书馆右后方建造琉璃顶西式廊房七间，陈列京师第一、第二监狱手工出品，并随时售卖。"当时鲁迅先生友人宋紫佩同这种机构有关系，所以先生买了不少这里的东西。己未（一九一九年）七月二十三日记云：

　　往中央公园观监狱出品展览会，买蓝格毛巾一打，券三元。

八月四日记着"午后托子佩买家具十九件，见泉四十"。这也是右安门自新路京师第一监狱的出品。过去听说，这批家具都是榆木做的很结实笨重的家具，包括大床、写字台，平均只合二元多一件，的确是物美价廉的。有一张写字台，六十年代初我见还放在八道湾苦雨斋的外屋中，大概现在也还在吧。

中山公园自从开放之后，就是北京人游赏的中心。尤其是后来盖了不少商业用房，开了许多饭馆茶座，更成了京华人士聚会的胜地了。这些，我在前面章节中都已说过，这里不再重复了。但需要特别说一下公园其他的好处。中山公园之可贵处，我感到一在于它的老树，二在于它的名花。

公园著名茶室春明馆过去挂着一副泰山石经体的大六言联，文云："名园别有天地；老树不知岁时。"可见名园之所以"名"，全因有不知岁时之老树。这一点是外地公园无法比拟的。中山公园的老树是柏、槐、榆三种，最多为柏，一九三八年统计，共九百零九株；古槐二十三株，古榆十三株。古柏围径超过一丈者有一百五六十株，其中最大者周径至一丈八九尺。公园所在地，是元代大都城正南面丽正门的右侧，不少树都是元以前的遗物。如社稷坛南门外的大柏树，共四株，树围都超过一丈九尺；以树木年轮推算，都是金元二朝的旧物，年龄都在七百年以上了。再有来今雨轩东西社稷街门左右两侧的古槐，树围一丈四五，仍极葱茏茂盛，也是四五百年的古物。乾隆时，钱载（箨石）有《社稷坛双树歌》，说什么"晓趋阙石陪祀坛，礼毕巽隅观古树"等等，所说"巽隅"，就是东南角，吟的就是这两棵槐树。许钦文先生曾著文记和鲁迅先生在来今雨轩吃茶、吃包子的事，自然也正是在这绿森森的槐荫下流连光景了。

第二，中山公园的花是几十年中在北京享有盛名的，所谓"稷园花事"，单纯中山公园的花，就可以编一部很好的"花木志"。公园的花以种类分，是数不胜数的。以培育的形式来看，有花圃、花台、花畦、唐花（即专门养在温室唐花坞中的花，也可叫蓓花）、盆花等等。在这些姹紫嫣红的百花中，究竟以什么为主呢？我感到中山公园最重要的花是丁香、牡丹、芍药，这三者是中山公园花事的台柱子。丁香最盛时有七百余株，着花时，真不亚于苏州邓尉山的香雪海了。牡丹和芍药都养在花池（实是花圃）和花坛中，共一百一十六方。每一个池或坛中，都培育了数十株。不但株数多，而且品种繁多。牡丹有：烟笼紫珠盘、墨撒金（以上黑色），姚黄、御衣黄、黄气球（以上黄色），娇容三变、豆绿、绿玉（以上绿色），昆山夜光、清心白、白玉、宋白（以上白色），葛巾、魏紫、墨魁（以上紫色），大红剪绒、状元红、丹炉焰、掌花案、胡红、秦红（以上红色），冰罩红石、海棠擎润、醉仙桃、观音面、醉杨妃、赵粉、大金粉、瑶池春（以上粉红色），二乔（红白色），蓝田玉、藕丝魁（以上蓝紫色）。芍药有：金带围（上下瓣粉红，中间有数十黄瓣），御袍黄（黄色），醉西施、南红、观音面（以上粉红色），迟芍、傻白、香妃（以上白色），胭脂点玉（白色有红点），凝香英、瑞莲红、紫都胜、紫芍（以上紫色）。单看这些洋洋大观的花名，能不叹为观止吗？

其中金带围，是一九一九年曾任朝鲜釜山领事的辛宝慈和园董贺雪航等人从釜山中国领事馆移归的。据说在釜山时，花开得特别大，和宋人笔记所记著名的扬州金带围品种相同。移植在中山公园，虽然着花没有传说的那样大，但也是当时北京独一无二的名贵品种了。

牡丹、芍药开放时，都在农历谷雨节前后。《鲁迅日记》戊午（一九一八年）六月一日记云：

午在第一春饭。午后游公园，遇小风雨，急归已霁。

这则日记，先生未写明是看花，但可想象先生是为看花去的，可惜为"小风雨"所误，难免有"更能消几番风雨，匆匆春又归去"之感了。一九二九年五月底，先生回北京探望鲁老太太，五月二十五日写给夫人许广平的信中说：

中央公园昨天是开放的，但到下午为止，游

人不多，风景大略如旧，芍药已开过，将谢了，此外则"公理战胜"的牌坊上，添了许多蓝地白字的标语。

这是先生最后一次看中山公园的芍药。"芍药已开过，将谢了"，虽然短短的一句话，而字里行间，包含着多么深厚的眷恋之情？稷园花事年年发，红药古槐仰昔贤。从此先生再没有看过中山公园的春花，后人只能于中山公园春花烂漫时，思想先生当年看花时的音容笑貌了。

西山点滴

　　北京的地势，在西面、北面基本上都是山，东面、南面都是平原。西面、北面的山连得很远，燕山山脉直连太行。因为是一千多年来都城的关系，所以邻近北京的山中，名蓝胜迹，是数也数不清的。而且这些山峦中，还有得天独厚的地方，就是地下水脉充足，不但有像玉泉山"天下第一泉"那样充沛的、足以汇成涢凌沜和昆明湖（最早叫西湖）的水源，而且还有不少温泉，如小汤山温泉、潭柘寺龙潭等。地下水脉足，而且还有温泉水脉，所以地上草木也长得特别葱茂。虽然燕山北地比较高寒，而许多植物长得像江南一样，不但松柏苍翠，果树成林，就连北方很少见的竹子，

▼ 玉泉山琉璃塔（约20世纪初）

在西山也是不稀奇的，有成片成片的森森的竹林。蒋一葵《长安客话》中"碧云寺"一条，记竹林风景云：

> 卓锡泉傍一柳累累若负瘿，形甚丑拙，众呼为瘿柳。柳左堂三楹，宸题"水天一色"。前临荷沼，沼南修竹成林，疏疏潇碧，泉由竹间流出。岩下琢石为屋，正对竹林。即炎日，飒飒生寒云。

再有"先有潭柘，后有幽州"的著名的潭柘寺，也是建在山中的古寺，那里有著名的"金镶玉"竹林，今天仍然长得很茂盛。鲁迅先生住在北京的年代里，正是香山、玉泉山、西山八大处，罗睺岭戒坛、潭柘二寺，妙峰山朝山进香，春天看花，夏天避暑，秋天看红叶，冬天赏雪，一年四时游侣不断的时候，说也奇怪，鲁迅先生在北京十五年中，却没有去游览过，连秋天骑小驴到香山看红叶似乎也未去过。而先生之去西山，却是因为另外的原因。一九二一年五月二十四日记云：

> 上午齐寿山来，同往香山碧云寺，下午回。浴。

这是去游山吗？自然去到碧云寺，也要游览一番，但主要目的不是为了游山去的。

接着二十七日记云：

> 清晨携工往西山碧云寺为二弟整理所租屋，午后回，经海甸停饮，大醉。

六月二日记云：

> 下午送二弟往碧云寺，三弟、丰一俱去，晚
> 归。夜雨。

从这些记载中，可以看明白，先生去碧云寺，是送病人去养病的。在六月、七月、八月这几个月中，鲁迅先生去了八九次碧云寺。在七月间，鲁老太太还去住了几天。七月四日记云："晨母亲往香山。"七月十日记云：

> 晨往香山碧云寺视二弟。下午季市亦来游，傍
> 晚与母亲及丰乘其汽车回家。

在先生的日记中，有时写"西山"，有时写"香山"，按小范围说，自然应该写作香山才是，因为说西山是专指"西山八大处"而言。但按大范围广义地来说，北京西面的山都可以叫作"西山"。《长安客话》的"西山"条下，就注明曰"诸山总称"，文中写道：

西山春夏之交，晴云碧树，花气鸟声，秋则乱叶飘丹，冬则积雪凝素，种种奇致，皆足赏心，而雪景尤胜。故京师八景，一曰"西山霁雪"。

这八景之一的"西山霁雪"的石碑，直到现在还竖立在香山公园内。所以把香山叫作西山，是一点也不错的。

碧云寺在香山脚下，依香山东麓的坡势而建。寺最早创建于元代，名碧云庵。明朝宠信宦官，正德的御马太监于经在这里修了生圹，也扩建了碧云寺，所以又称为"于公寺"。嘉靖时于死于狱中，自然不会埋在这么好的地方。其后天启时，魏忠贤也看上这个好地方，又在这里修他的生圹。崇祯登极，阉寺魏忠贤不得好死，自然又没有埋在碧云寺，但他那个墓当年是很大的。谈迁《北游录》记云：

出园问司礼于经墓。经正德间大珰。预治葬，立寺赐敕。土木极一时。冀邀宸幸。

▶ 碧云寺的牌楼（约20世纪初）

又记云：

魏忠贤犯殊死，不余寸骨，见其墓骇之。僧曰：
忠贤名下苏应宣尝被掠至建州，从清人入燕，立
忠贤虚冢。

谈迁的记载，可以告诉我们两点：一是碧云寺的
确是在于经时修得规模宏大起来的；二是魏忠贤的爪
牙在投降了敌人之后，回到北京，还要给这个不知残

杀了多少仁人志士的大刽立虚冢，也就是做假坟，这是很足以令人深思的了。

碧云寺建筑宏伟，风景秀丽，所谓"金碧鲜妍，宛一天界"；又道"碧云鲜，香山古，碧云精洁，香山魁恢"。这是明代的景象，可以想见其规模了。清代乾隆十三年（一七四八）又修了金刚宝座塔和罗汉堂。金刚宝座塔原是印度菩提迦耶城在释迦牟尼悟道处建的浮屠。其后世界各地仿照这种造型建的塔，尽管规模大小不同，但都称"金刚宝座塔"。碧云寺这座，建得特别讲究，坐西朝东，全部汉白玉石砌成，全高十余丈，是一座造型精美、艺术价值很高的建筑物。其罗汉堂是仿杭州净慈寺的罗汉堂建的，"田"字型，供有五百零八尊罗汉像。

鲁迅先生去时，下距中山先生去世还有好几年，那时自然没有中山先生衣冠冢、纪念堂。当时庙院很大，有些房子，租给盖不起别墅也住不起香山饭店、甘露旅馆的中上层人士居住休养。那时一级阔人在香山都有别墅，如徐世昌、梁士诒之流；临时来的阔人，

▼ 碧云寺金刚宝座塔
的一角（约1920年）

住香山饭店；等而下之，在庙里租房休养，也很不错
了。《鲁迅日记》六月二日记着"下午送二弟往碧云
寺"，九月二十一日记着"夜二弟自西山归"。其时间
是足足三个月又二十天了。这期间的情况，在《雨天的
书》一书中，收有六篇写给孙伏园的《山中杂信》，第
一封写于一九二一年六月五日，最后一封信尾写着"九
月三日，在西山"。日期和地点，都是非常切实的了。
在第二封信中写当时的居住情况云：

近日天气渐热，到山里来往的人也渐多了。对面的那三间屋，已于前日租去，大约日内就有人搬来。般若堂两旁的厢房，本是"十方堂"，这块大木牌还挂在我的门口。但现在都已租给人住，以后有游方僧来，除了请到罗汉堂去打坐以外，没有别的地方可以挂单了。

这是和鲁迅先生日记中所记同时期的情况。隔了足足四十一二年之后，《知堂回想录》中又回忆"西山养病"的房屋道：

我于六月二日搬到西山碧云寺里，所租的屋即在山门里边的东偏，是三间西房，位置在高台上面，西墙外是直临溪谷，前面隔着一条走路，就是一个很高的石台阶，走到寺外边去。这般若堂大概以前是和尚们"挂单"的地方，那里东西两排的厢房原来是"十方堂"，这块大木牌还挂在我的门口，但现在都已租给人住，此后如有游方僧到来，除了请到罗汉堂去打坐以外，已经没有地方可以安顿他们了。我把那西厢房一大统间布置起来，分作三部分，中间是出入口，北头作为卧室，摆一顶桌子算是书房了，南头给用人王鹤招住。后来有一个时期，母亲带了她的孙子也来山上玩了一个星期，就腾出来暂时让给她用了。

这四十年以后的回忆，和当时的记载来对照，除去有些重复的地方而外，房屋的情况倒写清楚了。那是三间一通没有隔扇的西厢房。这山中庙里的三间西房，租金比起城里的房子要贵得多。《鲁迅日记》七月十八日记云：

碧云寺房租五十。

八月份未记付房租。九月十七日又记云：

付碧云寺房泉五十。

不算六月和八月，也已足足付了一百元，当时这一百元，足可买五十袋面粉。城里租房，一般很好的大北屋，每间每月也不过四五元。这和尚庙里的房租，差不多要高出城里三倍。也可想见当时租房休养的人多，空房是多么吃香了。

鲁迅先生自此以后，在北京居住时，再没有到西山一带游览过。只是一九二九年五月间先生回京探亲时，坐汽车到磨石山西山病院看过一次韦素园的病，在病院中盘桓了半天，于下午三时匆匆而去，自此，便和西山挥手永别了。几度匆匆，都不是特地到西山来游览，所见自非全貌，不过是点滴而已。西山不老，浮云来去，空使后人无限怀念耳。